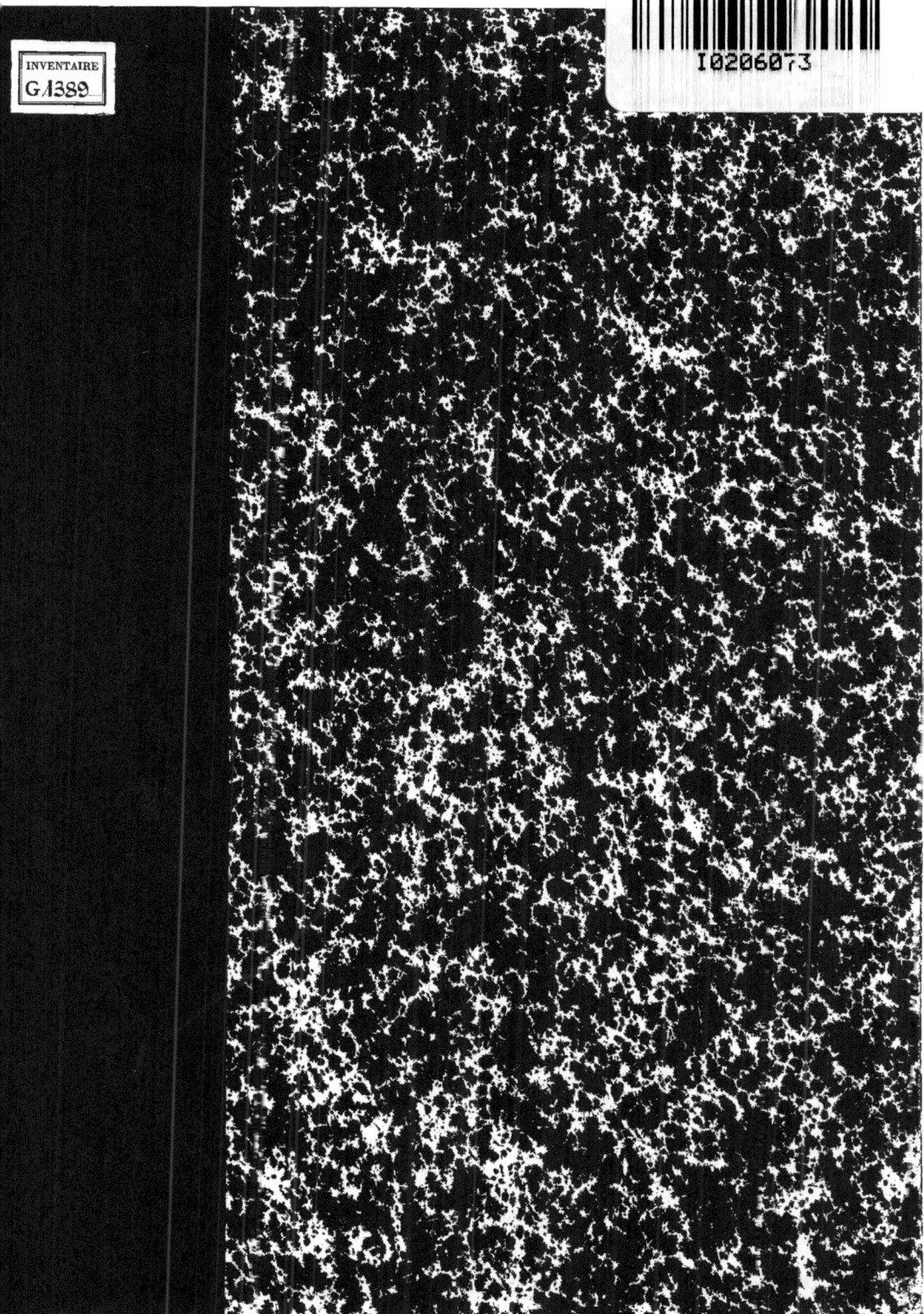

PAUL MANSUY

ATLAS
DE
GÉOGRAPHIE MILITAIRE

ADOPTÉ

PAR M. LE MINISTRE DE LA GUERRE

POUR L'ÉCOLE MILITAIRE DE SAINT-CYR

ACCOMPAGNÉ

DE TABLEAUX DE STATISTIQUE MILITAIRE

PAR

THÉOPHILE LAVALLÉE

PROFESSEUR DE GÉOGRAPHIE ET DE STATISTIQUE MILITAIRES
A L'ÉCOLE DE SAINT-CYR

IN-FOLIO DE 28 CARTES. — PRIX : 20 FRANCS

PROSPECTUS

L'Atlas de Géographie militaire que nous offrons au public, et particulièrement à l'armée, est le premier recueil de ce genre qui ait été publié en France. Les personnes qui s'occupent des choses relatives à l'art de la guerre, savent que la Géographie militaire est une science, sinon nouvelle, du moins qui n'a été réduite en corps de doctrine que dans ces dernières années; elles savent aussi que cette science a fait en peu de temps de très-grands progrès, grâce surtout au premier ouvrage qui a été publié sur cette intéressante matière, la *Géographie physique et militaire* de M. Th. Lavallée, qui sert aujourd'hui de base à l'enseignement géographique dans la plupart des Écoles militaires de l'Europe. Mais il manquait à l'intelligence de cette science, sans laquelle l'art et l'histoire militaires ne peuvent être étudiés, et qui seule donne la clef des grandes opérations stratégiques, il manquait, disons-nous, un Atlas spécial avec lequel on pût suivre notre histoire militaire depuis Louis XIV jusqu'à nos jours, et surtout nos immortelles guerres de la République et de l'Empire. C'est cet Atlas que nous avons essayé de faire avec le concours d'une Commission spéciale composée de Professeurs de l'École militaire de Saint-Cyr, et sous la direction du Conseil d'instruction de ladite École; c'est cet Atlas que M. le ministre de la guerre a bien voulu adopter pour l'enseignement de la géographie, de la statistique, de l'art et de l'histoire militaires à l'École de Saint-Cyr, et qui, nous l'espérons, sera bientôt suivi à l'École d'État-major, à l'École polytechnique, à l'École navale, dans les écoles régimentaires.

Nous n'avons pas composé cet Atlas entièrement de cartes nouvelles; nous n'aurions fait ainsi que copier à grands frais et sans nécessité d'excellentes cartes qui sont dans des Atlas avantageusement connus du public; mais nous avons pris dans ces Atlas que nous possédons les cartes spéciales qui convenaient au programme d'enseignement de l'École de Saint-Cyr; les corrections très-détaillées de M. Th. Lavallée les ont adaptées parfaitement aux conditions dudit programme, et par conséquent aux besoins scientifiques de la plupart des officiers; enfin nous les avons complétées par des cartes nouvelles dressées par M. Duvotenay, géographe du dépôt de la guerre, d'après les croquis qui lui ont été donnés par le Conseil d'instruction de l'École de Saint-Cyr. C'est ainsi que nous sommes parvenus à établir, à très-bas prix, un Atlas composé de vingt-huit cartes, dont quelques-unes, nous ne craignons pas de le dire, sont de véritables chefs-d'œuvre de dessin et de gravure géographiques, et qui, toutes, méritent l'attention de l'armée par leur exactitude et les détails spéciaux qu'elles renferment. Enfin nous croyons avoir doublé l'importance et l'utilité de ces cartes en y ajoutant vingt-deux tableaux de statistique militaire, composés par M. Th. Lavallée d'après les documents les plus récents et les plus authentiques.

1851

Explication du choix et de la disposition des cartes et tableaux qui composent notre Atlas, extraite du rapport fait par le Conseil d'instruction de Saint-Cyr à M. le ministre de la guerre :

I. CARTES GÉNÉRALES

1. Mappemonde. — Cette carte, outre son utilité générale, a pour but particulier de montrer la position des colonies françaises sur la surface terrestre.
2. Europe actuelle. — Carte politique et d'utilité générale.
3. France par départements et divisions militaires. — Carte physique et politique d'utilité générale.

4. Europe centrale politique, comprenant principalement la Confédération germanique, la Prusse, l'Autriche, etc.
5. Iles britanniques . . . .
6. Italie politique . . . .
7. Péninsule hispanique . . . .

} Cartes d'utilité générale.

8. Asie . . . .
9. Afrique . . . .
10. Amérique septentrionale. . .
11. Amérique méridionale . . . .

} Cartes d'utilité générale et qui ont pour but particulier de servir à l'intelligence de nos guerres maritimes depuis Louis XIV jusqu'à nos jours.

II. CARTES DE CAMPAGNES

12. Frontière du nord et Belgique. — Pour l'intelligence des guerres de Louis XIV et de Louis XV, et les campagnes de 1792, 1793, 1794, 1814 et 1815.
13. Hollande. — Pour l'intelligence des campagnes de 1672 et 1794.
14. Bassin supérieur de la Seine. — Pour l'intelligence des campagnes de 1792 et 1814.
15. Frontière du Rhin et pays adjacents. — Pour l'intelligence des guerres de Louis XIV et des campagnes de 1792, 1793, 1795, 1799 et 1814.
16. Frontière de l'Est, ou bassin du Rhône. — Pour l'intelligence des guerres de Louis XIV et de Louis XV, et des campagnes de 1792, 1800 et 1814.

17. Europe centrale physique et militaire, comprenant les bassins du Rhin, du Weser, de l'Elbe, de l'Oder, du Danube. — Pour l'intelligence des guerres de Louis XIV et de Louis XV, les campagnes de la Révolution, celles de 1805, 1806, 1807, 1809, 1813, etc.
18. Piémont et Lombardie.
19. Entre Pô et Danube. .

} Pour l'intelligence de toutes nos campagnes d'Italie, et principalement de celles de 1796 et 1800.

20. Suisse. — Pour l'intelligence de la campagne de 1799.
21. Carte partielle de la Russie et de la Pologne. — Pour les campagnes de 1807 et 1812.
22. Égypte et Syrie. — Pour l'expédition de 1798.
23. Algérie. — Pour les campagnes de 1830 à 1851.
24, 25, 26, 27, 28. Plans de batailles.

III. TABLEAUX DE STATISTIQUE

1. Statistique générale des grandes puissances de l'Europe.
2. Statistique générale des États de la Confédération germanique.
3. Statistique générale des puissances secondaires de l'Europe.
4. Statistique générale de la France.
5. Budget de la France, services des ministères, services du ministère de la guerre.
6. Tableau des divisions et subdivisions militaires.
7. Tableau de l'effectif de l'armée française en 1851.
8. Décomposition de l'effectif de l'armée française en 1851.
9. État des places fortes de la France avec leur classement, leur contenance, etc.

10. État des villes de casernement.
11, 12, 13, 14. Établissements d'artillerie, du génie, écoles militaires, parcs de constructions, etc.
15. Justice militaire.
16. Hôpitaux militaires.
17. Tableau des établissements de remonte.
18. Tableau des circonscriptions maritimes.
19. Tableau du personnel de la marine.
20. Service militaire aux colonies.
21. Établissements de la marine.
22. État de la flotte en 1851 et 1852.

SE TROUVE A PARIS

CHEZ FURNE ET CIE, LIBRAIRES-ÉDITEURS

RUE SAINT-ANDRÉ-DES-ARTS, 45.

Et chez tous les Libraires de France et de l'Étranger.

PARIS. — IMPRIMÉ PAR J. CLAYE ET CIE, RUE SAINT-BENOIT, 7.

ATLAS

DE

GÉOGRAPHIE MILITAIRE

COMPOSITION DE L'ATLAS

1° Cartes nouvelles et spéciales, dressées par M. Duvotenay, géographe du Dépôt de la guerre, sous la direction de M. Th. Lavallée, et gravées par M. Jacobs;

2° Cartes extraites de l'Atlas accompagnant l'*Histoire de la Révolution* par M. Thiers, dressées et gravées par MM. Duvotenay et Dyonnet, corrigées et complétées par M. Th. Lavallée;

3° Cartes extraites de l'*Atlas de Géographie Universelle* par M. Ambroise Tardieu, corrigées et complétées par M. Th. Lavallée.

POUR PARAITRE PROCHAINEMENT :

HISTOIRE
DE LA
MAISON ROYALE ET DE L'ÉCOLE MILITAIRE DE SAINT-CYR

PAR TH. LAVALLÉE

ATLAS
DE
GÉOGRAPHIE MILITAIRE

ADOPTÉ

PAR M. LE MINISTRE DE LA GUERRE

POUR L'ÉCOLE MILITAIRE DE SAINT-CYR

ACCOMPAGNÉ

DE

TABLEAUX DE STATISTIQUE MILITAIRE

PAR

THÉOPHILE LAVALLÉE

PROFESSEUR DE GÉOGRAPHIE ET DE STATISTIQUE MILITAIRES
A L'ÉCOLE DE SAINT-CYR

PARIS

FURNE ET Ce, LIBRAIRES-ÉDITEURS

45 RUE SAINT-ANDRÉ-DES-ARTS

—

1852
1851

PRÉFACE DES ÉDITEURS

L'Atlas de Géographie militaire que nous offrons au public, et particulièrement à l'armée, est le premier recueil de ce genre qui ait été publié en France. Les personnes qui s'occupent des choses relatives à l'art de la guerre, savent que la Géographie militaire est une science, sinon nouvelle, du moins qui n'a été réduite en corps de doctrine que dans ces dernières années; elles savent aussi que cette science a fait en peu de temps de très-grands progrès, grâce surtout au premier ouvrage qui a été publié sur cette intéressante matière, la *Géographie physique et militaire* de M. Th. Lavallée, qui sert aujourd'hui de base à l'enseignement géographique dans la plupart des Écoles militaires de l'Europe. Mais il manquait à l'intelligence de cette science, sans laquelle l'art et l'histoire militaires ne peuvent être étudiés, et qui seule donne la clef des grandes opérations stratégiques, il manquait, disons-nous, un Atlas spécial avec lequel on pût suivre notre histoire militaire depuis Louis XIV jusqu'à nos jours, et surtout nos immortelles guerres de la République et de l'Empire. C'est cet Atlas que nous avons essayé de faire avec le concours d'une Commission spéciale composée de Professeurs de l'École militaire de Saint-Cyr, et sous la direction du Conseil d'instruction de ladite école; c'est cet Atlas que M. le ministre de la guerre a bien voulu adopter pour l'enseignement de la géographie, de la statistique, de l'art et de l'histoire militaires à l'École de Saint-Cyr, et qui, nous l'espérons, sera bientôt suivi à l'École d'État-major, à l'École polytechnique, à l'École navale, dans les écoles régimentaires. Ainsi que nous l'avons expliqué dans la note qui est en regard du titre, nous n'avons pas composé cet Atlas entièrement de cartes nouvelles; nous n'aurions fait ainsi que copier à grands frais et sans nécessité d'excellentes cartes qui sont dans des Atlas avantageusement connus du public; mais nous avons pris dans ces Atlas les cartes spéciales qui convenaient au programme d'enseignement de l'École de Saint-Cyr; les corrections très-détaillées de M. Théophile Lavallée les ont adaptées parfaitement aux conditions dudit programme, et par conséquent aux besoins scientifiques de la plupart des officiers; enfin nous les avons complétées par des cartes nouvelles dressées par M. Duvotenay, géographe du dépôt de la guerre, d'après les croquis qui lui ont été donnés par le Conseil d'instruction de l'École de Saint-Cyr. C'est ainsi que nous sommes parvenus à établir, à très-bas prix, un Atlas composé de vingt-huit cartes, dont quelques-unes, nous ne craignons pas de le dire, sont de véritables chefs-d'œuvre de dessin et de gravure géographiques, et qui, toutes, méritent l'attention de l'armée par leur exactitude et les détails spéciaux qu'elles renferment. Enfin nous croyons avoir doublé l'importance et l'utilité de ces cartes en y ajoutant vingt-deux tableaux de statistique militaire, composés par M. Théophile Lavallée d'après les documents les plus récents et les plus authentiques.

FURNE et Cie.

Explication du choix et de la disposition des cartes et tableaux qui composent notre Atlas, extraite du rapport fait par le Conseil d'instruction de Saint-Cyr à M. le ministre de la guerre :

I. CARTES GÉNÉRALES.

1. Mappemonde. — Cette carte, outre son utilité générale, a pour but particulier de montrer la position des colonies françaises sur la surface terrestre.
2. Europe actuelle. — Carte politique et d'utilité générale.
3. France par départements et divisions militaires. — Carte physique et politique d'utilité générale.
4. Europe centrale politique, comprenant principalement la Confédération germanique, la Prusse, l'Autriche, etc. . . . .
5. Iles britanniques. . . . . Cartes d'utilité générale.
6. Italie politique. . . . .
7. Péninsule hispanique. . . . .
8. Asie. . . . .
9. Afrique . . . . Cartes d'utilité générale et qui ont pour but particulier de servir à l'intelli-
10. Amérique septentrionale. . . . . . . gence de nos guerres maritimes depuis Louis XIV jusqu'à nos jours.
11. Amérique méridionale. . . . .

II. CARTES DE CAMPAGNES.

12. Frontière du nord et Belgique. — Pour l'intelligence des guerres de Louis XIV et de Louis XV, et les campagnes de 1792, 1793, 1794, 1814 et 1815.
13. Hollande. — Pour l'intelligence des campagnes de 1672 et 1794.
14. Bassin supérieur de la Seine. — Pour l'intelligence des campagnes de 1792 et 1814.
15. Frontière du Rhin et pays adjacents. — Pour l'intelligence des guerres de Louis XIV, et des campagnes de 1792, 1793, 1795, 1799 et 1814.
16. Frontière de l'Est, ou bassin du Rhône. — Pour l'intelligence des guerres de Louis XIV et de Louis XV, et des campagnes de 1792, 1800 et 1814.
17. Europe centrale physique et militaire, comprenant les bassins du Rhin, du Weser, de l'Elbe, de l'Oder, du Danube. — Pour l'intelligence des guerres de Louis XIV et de Louis XV, les campagnes de la Révolution, celles de 1805, 1806, 1807, 1809, 1813, etc.
18. Piémont et Lombardie. . . Pour l'intelligence de toutes nos campagnes d'Italie, et principalement de celles de 1796
19. Entre Pô et Danube. . . et 1800.
20. Suisse. — Pour l'intelligence de la campagne de 1799.
21. Carte partielle de la Russie et de la Pologne. — Pour les campagnes de 1807 et 1812.
22. Égypte et Syrie. — Pour l'expédition de 1798.
23. Algérie. — Pour les campagnes de 1830 à 1851.
24, 25, 26, 27, 28. Plans de batailles.

III. TABLEAUX DE STATISTIQUE.

1. Statistique générale des grandes puissances de l'Europe.
2. Statistique générale des États de la Confédération germanique.
3. Statistique générale des puissances secondaires de l'Europe.
4. Statistique générale de la France.
5. Budget de la France, services des ministères, services du ministère de la guerre.
6. Tableau des divisions et subdivisions militaires.
7. Tableau de l'effectif de l'armée française en 1851.
8. Décomposition de l'effectif de l'armée française en 1851.
9. État des places fortes de la France avec leur classement, leur contenance, etc.
10. État des villes de casernement.
11, 12, 13, 14. Établissements d'artillerie, du génie, écoles militaires, parcs de constructions, etc.
15. Justice militaire.
16. Hôpitaux militaires.
17. Tableau des établissements de remonte.
18. Tableau des circonscriptions maritimes.
19. Tableau du personnel de la marine.
20. Service militaire aux colonies.
21. Établissements de la marine.
22. État de la flotte en 1851 et 1852.

N° 1. STATISTIQUE GÉNÉRALE DES GRANDES PUISSANCES DE L'EUROPE

ÉTAT	SUPERFICIE	POPULATION	RACE	RELIGION	GOUVERNEMENT	CAPITALE	ARMÉE	MARINE	REVENU	DETTE	POSSESSIONS EXTÉRIEURES
Russie	5,422,485 k. c.	54,092,300 (en 1846)	Slave... 44 m. Finnoise. 4 Tartare. 4 Diverses. 2	Grecq.. 43 m. Cathol.. 3 Protest. 2 1/2 Mahom. 2 1/2 Div.... 1 m.	Monarchie absolue.	Saint-Pétersb. 445,000 en 1846.	Armée active. 547,973 hommes. Dont: infanter. 367,044 cavaler... 76,480 artiller... 26,460 avec 992 bouches à feu. génie... 8,714 Non combatt.. 69,275 — Armée de réserve (n'existe qu'en temps de guerre)... 210,250 avec 472 bouches à feu. — A. du Caucase. 132,542 avec 180 bouches à feu. Corps spéciaux de Finlande, d'Orenbourg et et de Sibérie (non enrégimentés)... 37,000 Troupes irrég.. 98,000	1re Flotte de la Baltique: 61 vaiss. ou frég. portant 3,158 canons. 2e Flotte de la mer Noire: 43 vaisseaux ou frégat. portant 3,136 canons. 3e Flotilles de la mer Caspienne et de la m. Blanche.	443,000,000	1,686,000,000	En Asie : toute l'Asie septentrion.; en Amérique : la presqu'île voisine du détroit de Behring avec les îles. Superficie totale de l'empire russe : 22,029,480 k. car. Population totale de l'empire russe : 60,255,800 habit.
Autriche	670,456 k. c.	37,636,907	Slave... 16 m. Allem... 7 Madgyare 5 1/2 Italienne. 5 1/2 Roumaine 2 1/2 Autres... 1 m.	Cathol. 28 m. Grecq. 3 1/2 Protest 4 1/2 Div... 1 1/2	Monarchie absolue.	Vienne, 410,000	Inf. (358 bat.). 381,903 Cav. (281 esc.). 64,624 Art. (788 can.). 25,676 Gén., tr., gend. 89,302 — 561,505	4 frégates, 22 bricks ou corv., 14 bât. à vap. Total, 544 can.	374,535,770 (en 1848)	953,306,400 (en 1850)	
France	527,086 k. c.	35,400,486 (en 1846)	Français (Gaulois-Rom.-Germains). 31 m. Celtes.. 2 1/2 Allem.. 1 1/2 Basques. 1/2	Cathol. 32 m. Protes.. 3 Juifs.. 1/2	République démocr.	Paris, 1,053,987 en 1846.	Hommes..... 382,130 Chevaux..... 86,120 (Voir les tabl. nos 7 et 8).	318 bâtim. de t. rang en 1851. (V. le tabl. n° 22).	1,374,379,758 (en 1851) (Voir le tabl. n° 5).	5,345,637,360	En Amérique : St-Pierre et Miquelon, la Guadeloupe, la Martinique, la Guyane ; en Afrique : l'Algérie, le Sénégal, Bourbon ; en Asie : Pondichéry et Chandernagor ; en Océanie, les Marquises, etc.
Gr.-Bretagne	310,143 k. c.	26,861,796 (en 1841)	Anglais (Bretons-Saxons – Normands). 18 m. Celtes... 9 m.	Prot... 18 m. Cath... 8 1/2 Div... 1/2	Monarchie constitutionnelle.	Londres, 1,832,699 en 1841.	Arm. de ligne. 101,000 Artill. et gén. 9,000 Total. 110,000 Troupes indigènes de la compagnie des Indes, 180,000 h.	En mer ou en commiss., 164 bât. dont 30 vaiss., 30 frég. et 104 autres bâtiments. En disponibilité, 124. En construction, 67. Marins et tr. de marine, 41,000.	1,231,110,750 (en 1850)	19,200000000	En Europe : Gibraltar, Malte, les îles Ioniennes. En Asie: la plus grande partie de l'Indoustan, du bassin du Gange, de la côte occidentale du golfe du Bengale, etc. En Afrique : les établissements de la Sénégambie et de la Guinée, le Cap, les îles Sainte-Hélène, l'Ascension, Maurice, etc. En Océanie, les colonies de la Nouv.-Hollande, de la Nouvelle-Zélande, etc. En Amérique, presque tout le continent et les îles depuis le fleuve St Laurent jusqu'au pôle Arctique, les Bermudes, les Lucayes, la Jamaïque, la plupart des Antilles, etc. La population de toutes ces colonies s'élève à 128 millions d'habitants.
Prusse	279,426 k. c.	16,112,000 (en 1846)	Allem... 13 m. Slave... 2 1/2 Autres... 1/2	Prct... 9 1/2 Cathol. 6 m. Div... 1/2	Monarchie constitutionnelle.	Berlin, 312,000	Pied de paix. Armée active. 124,000 Landwehr... 96,000 — Total. 217,000 Pied de guerre. Tr. de campag. 325,000 Tr. de garnis. 167,000 — Total. 492,000	1 corvette, 2 steamers, 27 chaloupes.	342,519,000 (en 1850)	704,550,920 (en 1850)	

N° 2. STATISTIQUE GÉNÉRALE DES ÉTATS DE LA CONFÉDÉRATION GERMANIQUE [1]

ÉTAT.	SUPERFICIE.	POPULATION.	RELIGION.	GOUVERNEMENT.	CAPITALE.	ARMÉE.	CONTINGENT [2].	REVENU.	DETTE.	FORCES LEVÉES EN 1850.	
										hommes.	bouches à feu.
Empire d'Autriche	206,870	11,700,000	Voir le tableau précédent (3).				94,822 h. form. 3 corps avec 192 c.			405,000	472
Royaume de Prusse	192,770	10,900,000					79,484 h. form. 3 corps avec 160 c.			217,000	324
Royaume de Bavière	77,000	4,520,000	Cath. 3,100,000 Prot. 1,200,000 Div. 220,000	Monarch. const.	Munich, 108,000 hab.	Inf. 41,256 Cav. 8,336 Art. 5,628 Div. 2,569 — 57,789	35,600 h. form. le 7e corps avec 72 bouches à feu.	92,000,000	271,000,000	76,000	180
Royaume de Saxe	14,944	1,750,000	Prot. 1,700,000 Cath. 50,000	Monarch. const.	Dresde, 75,000 hab.	Inf. 19,736 Cav. 3,192 Div. 2,140 — 25,068	12,000 h. et 24 c. (9e corps).	30,200,000	88,480,000	17,000	55
Royaume de Hanovre	37,931	1,735,000	Prot. 1,525,000 Cath. 210,000	Monarch. const.	Hanovre, 40,000 hab.	Inf. 16,048 Cav. 3,248 Div. 1,669 — 20,965	13,054 h. et 26 c. (10e corps).	28,800,000	90,600,000	21,000	32
Royaume de Wurtemberg	19,406	1,730,000	Prot. 1,200,000 Cath. 530,000	Monarch. const.	Stuttgart, 40,000 hab.	Inf. 14,300 Cav. 2,700 Div. 825 — 17,825	13,954 h. et 28 c. (8e corps).	24,180,000	110,000,000	19,000	32
Grand-Duché de Bade	14,980	1,230,000	Cath. 800,000 Prot. 400,000 Div. 30,000	Monarch. const.	Carlsruhe, 22,000 hab.	Inf. 11,480 Cav. 2,156 Div. 1,315 — 14,951	10,000 h. et 20 c. (8e corps).	30,000,000	49,000,000	20,000	44
Grand-Duché de Hesse	8,403	843,000	Cath. 578,000 Prot. 238,000 Div. 27,000	Monarch. const.	Darmstadt, 25,000 hab.	6,427	6,195 h. et 12 c. (8e corps).	16,300,000	14,500,000	17,000	34
Hesse Électorale	9,185	728,000	Cath. 605,000 Prot. 105,000 Div. 18,000	Monarch. const.	Cassel, 32,000 hab.	7,879	5,679 h. et 10 c. (9e corps).	14,500,000	60,000,000		
G.-D. de Mecklemb.-Schwerin	12,540	504,000	Prot. 500,000	M. const.	Schwerin, 18,000 h.	3,642	3,580 h. et 6 can. (10e corps).	9,300,000	13,765,000	7,800	16
G.-D. de Mecklemb.-Strelitz	2,860	100,000	Protestants.	Idem.	Neu-Strelitz, 6,000		748 h. (10e corps).	1,165,000	5,800,000	1,400	3
G.-D. de Holstein-Lauenbourg [4]	8,450	470,000	Idem.	Idem.	Glückstadt, 6,000 h.		3,600 h. et 6 can. (10e corps).			7,000	14
Grand-Duché de Luxembourg et Limbourg [5]	6,990 4,903	175,000 195,000	Cath.	Idem.	Luxemb., 14,000 h. Limbourg, 2,000 h.		2,556 h. et 4 can. (9e corps).			8,000	16
Duché de Nassau	4,546	412,000	Cath. 185,000 Prot. 217,000 Div. 10,000	Monarch. const.	Wiesbaden, 14,000 hab.	4,181	4,039 h. et 8 can. (9e corps).	5,400,000	3,760,000	6,000	12
G.-Duché d'Oldenbourg	6,372	276,000	Prot. 174,000 Cath. 74,000 Div. 28,000	Monarch. absolue.	Oldenbourg, 9,600 hab.		2,800 h. et 4 can. (10e corps).	2,500,000	»	4,000	8
Duché de Brunswick	3,965	250,000	Prot. 245,000	Monarch. const.	Brunswick, 35,000 hab.	3,251	2,096 h. et 10 c. (10e corps).	12,330,000	9,000,000	4,000	11
G.-D. de Saxe-Weymar	3,675	257,000	Prot. 240,000	M. const.	Weymar, 10,000 h.		2,010 h. (réserve).	3,100,000	14,500,000	3,800	8
Duché de Saxe-Meiningen	2,516	160,000	Prot. 155,000	Idem.	Meiningen, 6,000 h.		1,150	3,172,000	9,000,000	2,400	4
Duché de Saxe-Cobourg-Gotha	2,068	148,000	Prot. 140,000	Idem.	Cobourg, 9,000 h. Gotha, 13,000 hab.		1,116 Idem.	2,500,000	11,500,000	2,200	4
Duché de Saxe-Altenbourg	1,347	130,000	Protestants.	Idem.	Altenbourg, 13,000		982 Idem.	2,525,000	3,600,000	2,000	4
P. de Schwarzbourg-Rudolstadt	856	68,000	Idem.	Idem.	Rudolstadt.		539 Idem.	400,000	370,000	1,000	2
P. de Schwartzb.-Sundershausen	849	57,000	Idem.	Idem.	Sundershausen.		451 Idem.	400,000	300,000	900	2
P. d'Anhalt-Dessau	842	60,000	Idem.	Mon. abs.	Dessau.		529 Idem.	1,200,000	2,000,000	1,200	2
P. d'Anhalt-Bernbourg	780	45,000	Idem.	Idem.	Bernbourg.		370 Idem.	1,030,000	1,360,000	950	1
P. d'Anhalt-Coethen	663	40,000	Idem.	Idem.	Coethen.		325 Idem.	1,200,000	8,000,000	950	1
P. de Lippe-Detmold	1,182	103,000	Idem.	M. const.	Detmold.		691 Idem.	1,500,000	»	1,600	3
P. de Lippe-Schauenbourg	536	31,000	Idem.	Idem.	Buckebourg.		240 Idem.	520,000	»	400	0
P. de Reuss (br. aînée)	374	33,000	Idem.	Mon. abs.	Greiz.		223 Idem.	300,000	?	1,680	3
P. de Reuss (br. cadette) [6]	1,159	99,000	Idem.	Idem.	Schleiz, Ebersdorf et Géra.		522 Idem.	1,010,000	?		
P. de Hohenzollern-Sigmaringen	709	44,000	Catholiques.	M. const.	Sigmaringen.		356 Idem.	694,000	»	1,000	3
P. de Hoh.-Hechingen [7]	319	21,000	Idem.	Idem.	Hechingen.		145 Idem.	245,000	»		
P. de Waldeck	110	52,000	Prot. et cath.	Idem.	Arolsen.		319 Idem.	851,000	2,500,000	800	2
Landgr. de Hesse-Hombourg	275	24,000	Prot. et cath.	Mon. abs.	Hombourg.		200 Idem.	224,000	1,000,000	360	0
P. de Lichtenstein	134	7,000	Catholiques.	M. const.	Vaduz.		55 Idem.	60,000	»	100	0
Seigneurie de Kniphausen	45	3,000	Protestants.	»	»						
Ville libre de Francfort	48	64,000	Prot. et cath.	R. dém.	Francfort, 60,000		693 Idem.	1,800,000	19,000,000	1,200	2
— de Hambourg	385	155,000	Prot. 140,000	Idem.	Hambourg, 130,000		1,298 h. (10e c.)	5,200,000	41,000,000	2,600	7
— de Brême	27	68,000	Protestants.	Idem.	Brême, 46,000 hab.		485 Idem.	2,200,000	11,000,000	900	2
— de Lubeck	335	48,000	Idem.	Idem.	Lubeck, 26,000 h.		407 Idem.	1,200,000	7,700,000	700	2

(1) Superficie totale de la Confédération : 654,122 k. c.; population totale : 39,235,000. — (2) Le contingent a été fixé à 1 sur 99, à raison de la population en 1818; d'après cette base, le total de l'armée fédérale serait de 303,483 h., partagés en 10 corps d'armée et un corps de réserve, avec 580 bouches à feu; dont 12,999 chasseurs et tirailleurs, 225,896 h. d'infanterie de ligne, 42,327 h. de cavalerie, 21,030 b. d'artillerie, 2,581 pionniers et pontonniers. Mais ces chiffres n'ayant plus qu'une valeur médiocre, d'après les montants de la population actuelle, nous avons essayé de donner une idée des forces militaires que l'Allemagne pourrait aujourd'hui mettre sur pied en ajoutant à notre tableau statistique les contingents levés ou appelés par chaque état de la Confédération en 1850, à l'époque où une guerre paraissait imminente entre la Prusse et l'Autriche et par conséquent entre tous les états allemands : ces contingents, où y comprenant les forces presque entières de l'Autriche et de la Prusse, forment un total de 857,000 h. et de 1,203 bouches à feu. — (3) Les provinces de l'Autriche qui font partie de la Confédération sont : l'Autriche, la Bohème, la Styrie, la Carinthie, la Carniole, le Tyrol et la Moravie; les provinces de la Prusse qui font partie de la Confédération sont : le Brandebourg, la Poméranie, la Saxe, la Silésie, la Westphalie et le Bas-Rhin. Ces deux états ont aujourd'hui la prétention de faire entrer toutes leurs provinces dans la Confédération qui a été bouleversée par les événements de 1848, mais qui vient d'être remise sur le pied où l'avaient placée les traités de 1815. — (4) Appartient au roi de Danemarck. — (5) Appartient au roi de Hollande. Le traité du 15 nov. 1831 ayant séparé le Luxembourg en deux provinces, l'une belge, l'autre hollandaise, celle-ci se trouve seule rester dans la Confédération germanique : alors le roi de Hollande, en compensation, fit incorporer dans cette confédération la partie du Limbourg que le même traité lui avait conservée. — (6) Cette branche cadette se partage trois principautés : Reuss-Lobenstein-Ebersdorf, Reuss-Schleiz, Reuss-Lobivie de Géra. — (7) Ces principautés appartiennent aujourd'hui à la maison royale de Brandebourg.

N° 3. STATISTIQUE GÉNÉRALE DES ÉTATS SECONDAIRES DE L'EUROPE

ÉTAT.	SUPERFICIE.	POPULATION.	RACE.	RELIGION.	GOUVERNEMENT.	CAPITALE.	ARMÉE.	MARINE.	REVENU.	DETTE.	POSSESSIONS EXTÉRIEURES.
Espagne	473,343	12,256,000	Hispanique (Ibères, Romains, Vand., Goths), 11,000,000. Maures, Basq., etc., 1,286,000	Catholique.	Mcnar. cnrst.	Madrid, 236,000 en 1840.	Infanterie... 96 batail. Cavalerie... 70 escadr. Artillerie... 9000 hom. Génie...... 2900 hom. Total... 180,000 h.	2 vaisseaux de 74 5 frég. de 32 à 52 14 bât. de 12 à 30 15 bât. à vapeur de 6 à 12 canons. Total : en can. 721 en personnel 6297	324,470,000	3,875,000,000	En Afrique, les présides du Maroc; en Asie, les Philippines; dans l'Australie, les Carolines et les Marianes; dans l'Amérique, Cuba et Porto-Rico.
Emp. Ottoman	464,509 (en Europe)	12,000,000	Slaves, 6000,000 Hellèn. 1800,000 Alban. 1800,000 Turcs, 700,000 Valaq. 600,000 Divers, 1100,000	Mahomét. 6 m. Grecque... 5 m. Autres... 1 m.	Monar. absol.	Constantinople, 630,000	210,000 h. dont 80,000 rég. et 130,000 irrég.	15 vaiss. 14 frég. 3 bât. à vapeur.	?	280,000,000	En Asie, l'Asie Mineure, la Syrie, partie de l'Arabie, et les bassins du Tigre et de l'Euphrate; en Afrique, la suzeraineté de l'Égypte et des États de Tunis et de Tripoli. Superf. tot. 4,300,000 k. c. Pop. tot. 17 mill.
Deux-Siciles	107,957	8,400,000	Italienne.	Catholique.	Monar. absol.	Naples, 336,000 en 1840.	Infanterie...... 39,834 Cavalerie...... 4,498 Divers.......... 4,347	1 vaisseau, 5 frég. 9 corv. 10 bât. à v. Total : 484 can.	117,000,000	366,000,000	
États Sardes	75,323	4,650,000	Ital. 4,000,000 Franç. 650,000	Catholique.	Monar. const.	Turin, 117,000	Forces actives : Infanterie...... 24,141 Cavalerie...... 9,450 Artillerie...... 3,360 Divers......... 3,904 ―――――― 36,355 Corps sédent... 4,224 Milices de Sard.. 9,470 ―――――― 50,029 Pied de guerre. 168,728	3 frégates, 3 corv. 3 bricks, 18 autres bâtiments. Personnel, 2861 h.	91,000,000	245,000,000	
Belgique	29,425	4,370,000	Française (Gaulois–Romains–Germ.) 4 mill. Germ. 370,000	Cathol.. 19/20 Divers.. 1/20	Monar. const.	Bruxelles, 145,000	Infanterie...... 20,000 Cavalerie...... 4,300 Artillerie...... 2,784 Divers......... 1,484 ―――――― 28,568 Pied de guerre.. 47,061	7 bâtim. inf.	116,000,000	635,000,000	
Suède	432,000	3,188,000	Goth. et finnoise.	Protestante.	Monar. const.	Stockholm, 84,000	Infanterie...... 25,941 Cavalerie...... 4,684 Artillerie...... 3,190 ―――――― Total... 33,815 Réserve....... 95,411	21 vaiss. 15 fr. et corv. 240 petits bâtiments. 23,000 h. 2,000 c.	56,442,000	»	
Norvège	306,403	1,243,000	Goth. et finnoise.	Protestante.	Monar. const.	Christiania, 21,000	Infanterie...... 9,642 Cavalerie...... 1,070 Artillerie...... 1,288 ―――――― Total... 12,000 Réserve...... 20,000	3 frég. 4 corv. 160 petits bâtim.	19,328,000	15,500,000	
Portugal	91,285	3,412,000	Hispanique.	Catholique.	Monar. const.	Lisbonne, 260,000	18,000 h. ?	40 bâtim. portant 940 canons.	65,500,000	325,000,000	En Europe, les Açores, en Afrique, Madère, les îles du Cap Vert, les établissements de la Sénégambie, d'Angola, du Congo et de Mozambique; en Asie, Goa, Diu, Macao, etc.
Hollande	34,175	3,168,000	Germanique.	Prot. 1,800,000 Cath. 1,200,000 Div. 168,000	Monar. const.	Amsterdam 200,000	Infanterie...... 44,148 Cavalerie...... 4,909 Artillerie...... 17,126 Génie........... 846 ―――――― Total...... 67,029 Contingents fédéraux du Luxembourg et du Limbourg.......... 2,556 Armée coloniale : 21,000 dont moitié indigènes.	4 vaiss. 17 frég. 12 corv. 16 bricks 15 goël. 12 bât. à vap., 65 chal. canonnières.	151,542,000	1,558,000,000	En Océanie, les Moluques, Java, Sumbawa - Timor, partie de Sumatra, de Bornéo, de Célèbes; en Amérique, la Guyane, Curaçao, Saint-Eustache, Saint-Martin, etc.
État pontific.	41,162	2,900,000	Italienne.	Catholique.	Théocr. élect.	Rome, 175,000	Avant 1848..... 13,000	1 goël. et 13 chal.	53,429,666 en 1847.	»	
Conf. helvét.	40,370	2,300,000	Allem. 1400,000 Franç. 850,000 Italien. 50,000	Prot. 1,300,000 Cath. 1,000,000	Républ. fédér.	»	Armée fédérale. 64,019	»	»	»	
Danemark	56,155	2,288,000	Gothique.	Protestante.	Monar. const.	Copenhague, 125,000	Pied de guerre : Infanterie...... 20,944 Cavalerie...... 6,163 Artill. et génie.. 4,384 ―――――― Total...... 31,491	6 vaiss. 7 frég. 4 corv. 11 bricks 78 canonnières.	46,000,000	372,000,000	
Toscane	29,028	1,808,000	Italienne.	Catholique.	Monar. absol.	Florence, 100,000	10,000	»	17,700,000	»	
Grèce	47,615	995,000	Hellénique.	Grecque.	Monar. const.	Athènes, 20,000	3,891	33 bât. inférieurs.	19,400,000	130,000,000	
Parme et Plaisance	5,870	485,000	Italienne.	Catholique.	Monar. absol.	Parme, 36,000	900	»	7,000,000	7,500,000	
Modène	5,338	510,000	Italienne.	Catholique	Monar. absol.	Modène, 27,000	1,800	»	3,000,000	»	
Iles Ioniennes	2,852	203,000	Hellénique.	Grecque.	Républ. arist.	Corfou, 60,000	Garn. angl. de 3,000 h.	»	3,700,000	»	Sous le protectorat de l'Angleterre.

Nous négligeons les États insignifiants de Saint-Marin, d'Andorre et de Monaco.

N° 4.   STATISTIQUE GÉNÉRALE

DÉPARTEMENT.	SUPERFICIE.	NOMBRE des ARROND.	NOMBRE des CANTONS.	NOMBRE des COMMUNES.	CHEF-LIEU (1).	DIOCÈSE.	COUR D'APPEL.	DIVISION militaire.	POPULATION (2)	Jeunes gens inscrits sur les listes de tirage de la classe de 1851.	Contingent de chaque département (3).
	hectares.										
Ain............	592,674	5	35	446	Bourg......	Belley......	Lyon......	6°	367,362	3,512	918
Aisne..........	728,530	5	37	838	Laon.......	Soissons....	Amiens.....	2°	557,492	4,515	1,180
Allier.........	723,981	4	26	316	Moulins.....	Moulins.....	Riom.......	13°	329,540	3,332	871
Alpes (Basses-)..	682,643	5	30	255	Digne.......	Digne.......	Aix........	7°	156,675	1,424	372
Alpes (Hautes-)..	553,204	3	24	189	Gap.........	Gap.........	Grenoble...	7°	133,100	1,280	334
Ardèche........	538,988	3	31	333	Privas......	Viviers.....	Nîmes......	8°	379,614	3,830	1,006
Ardennes.......	517,385	5	31	478	Mézières....	Reims.......	Metz.......	3°	326,823	2,865	696
Ariège.........	454,808	3	20	336	Foix........	Pamiers.....	Toulouse...	9°	270,535	2,558	668
Aube...........	600,000	5	26	447	Troyes......	Sens........	Paris......	1er	261,881	2,062	544
Aude...........	606,397	4	31	434	Carcassonne.	Carcassonne.	Montpellier.	9°	289,664	2,349	614
Aveyron........	887,873	5	42	274	Rhodez......	Rhodez......	Montpellier.	8°	389,121	3,024	946
Bouches-du-Rhône.	512,991	3	27	106	Marseille...	Marseille et Aix.	Aix.....	7°	413,918	3,029	791
Calvados.......	556,093	6	37	792	Caen........	Bayeux......	Caen.......	16°	498,585	3,910	1,032
Cantal.........	582,959	4	23	258	Aurillac....	Saint-Flour.	Riom.......	13°	260,479	2,344	642
Charente.......	603,249	5	29	435	Angoulême...	Angoulême...	Bordeaux...	12°	379,034	3,119	815
Charente-Inférieure.	654,685	6	39	480	La Rochelle.	La Rochelle.	Poitiers...	12°	468,103	4,043	1,056
Cher...........	720,880	3	29	291	Bourges.....	Bourges.....	Bourges....	13°	294,540	2,909	700
Corrèze........	582,803	3	29	286	Tulle.......	Tulle.......	Limoges....	13°	317,569	3,138	830
Corse..........	874,745	5	61	355	Ajaccio.....	Ajaccio.....	Bastia.....	17°	230,271	1,995	521
Côte-d'Or......	856,445	4	36	726	Dijon.......	Dijon.......	Dijon......	5°	396,524	3,596	940
Côtes-du-Nord..	672,006	5	48	376	Saint-Brieuc.	Saint-Brieuc.	Rennes.....	15°	628,526	5,844	1,527
Creuse.........	556,341	4	25	262	Guéret......	Limoges.....	Limoges....	13°	285,080	2,702	706
Dordogne.......	915,275	5	47	584	Périgueux...	Périgueux...	Bordeaux...	12°	503,557	4,377	1,196
Doubs..........	525,212	4	27	640	Besançon....	Besançon....	Besançon...	5°	292,347	2,675	699
Drôme..........	653,557	4	28	361	Valence.....	Valence.....	Grenoble...	6°	320,075	2,879	752
Eure...........	582,127	5	36	703	Évreux......	Évreux......	Rouen......	1er	423,247	3,211	839
Eure-et-Loir...	548,503	4	24	432	Chartres....	Chartres....	Paris......	1er	292,337	2,354	615
Finistère......	666,705	5	43	282	Quimper.....	Quimper.....	Rennes.....	15°	612,151	5,811	1,518
Gard...........	592,108	4	38	347	Nîmes.......	Nîmes.......	Nîmes......	8°	400,381	3,257	851
Garonne (Haute-).	618,558	4	39	590	Toulouse....	Toulouse....	Toulouse...	10°	481,938	4,233	1,106
Gers...........	625,188	5	29	467	Auch........	Auch........	Agen.......	11°	314,885	2,360	617
Gironde........	975,100	6	48	544	Bordeaux....	Bordeaux....	Bordeaux...	12°	602,444	4,727	1,235
Hérault........	624,302	4	36	328	Montpellier.	Montpellier.	Montpellier.	8°	386,020	3,070	802
Ille-et-Vilaine.	668,697	6	43	347	Rennes......	Rennes......	Rennes.....	13°	562,988	5,144	1,344
Indre..........	701,691	4	23	247	Châteauroux.	Bourges.....	Bourges....	13°	263,977	2,714	709
Indre-et-Loire.	613,618	3	24	281	Tours.......	Tours.......	Orléans....	14°	312,400	2,693	704
Isère..........	829,031	4	45	552	Grenoble....	Grenoble....	Grenoble...	6°	598,492	5,566	1,454
Jura...........	496,929	4	32	584	Lons-le-Saulnier.	Saint-Claude.	Besançon...	5°	316,150	2,940	771
Landes.........	915,130	3	28	333	Mont-de-Marsan.	Aire.....	Pau........	11°	298,220	2,707	707
Loir-et-Cher...	625,971	3	24	296	Blois.......	Blois.......	Orléans....	1er	250,833	2,289	598
Loire..........	474,620	3	28	319	Montbrison..	Lyon........	Lyon.......	6°	453,786	4,392	1,148
Loire (Haute-)..	496,560	3	28	265	Le Puy......	Le Puy......	Riom.......	13°	307,164	3,107	842
Loire-Inférieure.	681,704	5	45	206	Nantes......	Nantes......	Rennes.....	14°	517,265	4,472	1,169

(1) Les quinze chefs-lieux de départements qui sont chefs-lieux de divisions militaires sont marqués en italique. Il faut leur ajouter *Bayonne* et *Bastia* qui sont chefs-lieux d'arrondissement et chefs-lieux [...] chiffres de ces deux dernières colonnes varient chaque année.

DE LA FRANCE EN 1851

DÉPARTEMENT.	SUPERFICIE.	NOMBRE des ARROND.	NOMBRE des CANTONS.	NOMBRE des COMMUNES.	CHEF-LIEU.	DIOCÈSE.	COUR D'APPEL.	DIVISION militaire.	POPULATION.	Jeunes gens inscrits sur les listes de tirage de la classe de 1851.	Contingent de chaque département
	Hectares.										
Loiret............	667,079	4	31	348	Orléans........	Orléans........	Orléans........	1re	331,633	2,788	729
Lot...............	523,280	3	29	340	Cahors.........	Cahors.........	Agen...........	12e	294,566	2,326	608
Lot-et-Garonne.....	530,711	4	35	312	Agen...........	Agen...........	Agen...........	12e	346,260	2,048	691
Lozère............	514,795	3	24	194	Mende..........	Mende..........	Nîmes..........	8e	143,331	1,270	332
Maine-et-Loire.....	722,163	5	34	373	Angers.........	Angers.........	Angers.........	14e	504,963	4,243	1,109
Manche............	573,776	6	48	640	Saint-Lô.......	Coutances......	Caen...........	16e	604,024	5,211	1,302
Marne.............	817,037	5	32	677	Châlons........	Reims et Châlons.	Paris..........	3e	367,309	2,908	776
Marne (Haute-)....	625,043	3	28	551	Chaumont.......	Langres........	Dijon..........	5e	262,070	2,215	579
Mayenne...........	514,868	3	27	274	Laval..........	Le Mans........	Angers.........	16e	368,439	3,523	921
Meurthe...........	608,922	5	29	714	Nancy..........	Nancy..........	Nancy..........	3e	445,991	4,124	1,078
Meuse.............	620,555	4	28	588	Bar-le-Duc.....	Verdun.........	Nancy..........	3e	325,710	2,802	732
Morbihan..........	699,641	4	37	232	Vannes.........	Vannes.........	Rennes.........	15e	472,773	4,389	1,147
Moselle...........	532,796	4	27	621	Metz...........	Metz...........	Metz...........	3e	448,087	4,119	1,076
Nièvre............	681,095	4	25	316	Nevers.........	Nevers.........	Bourges........	13e	322,262	3,259	852
Nord..............	567,863	7	60	662	Lille..........	Cambray........	Douay..........	2e	1,132,980	8,615	2,251
Oise..............	582,569	4	35	700	Beauvais.......	Beauvais.......	Amiens.........	1re	406,028	3,227	843
Orne..............	610,561	4	36	511	Alençon........	Seez...........	Caen...........	16e	442,107	3,717	971
Pas-de-Calais.....	655,645	6	43	903	Arras..........	Arras..........	Douay..........	2e	693,756	5,592	1,461
Puy-de-Dôme.......	797,238	5	50	443	Clermont.......	Riom...........	Clermont.......	13e	601,794	5,471	1,430
Pyrénées (Basses-)..	749,490	5	40	561	Pau............	Bayonne........	Pau............	11e	457,832	4,159	1,087
Pyrénées (Hautes-)..	432,790	3	26	488	Tarbes.........	Tarbes.........	Pau............	11e	251,285	2,283	597
Pyrénées-Orientales.	411,023	3	17	227	Perpignan......	Perpignan......	Montpellier....	9e	180,794	1,491	390
Rhin (Bas-).......	464,781	4	33	542	Strasbourg.....	Strasbourg.....	Colmar.........	4e	580,373	5,275	1,378
Rhin (Haut-)......	406,032	3	29	490	Colmar.........	Strasbourg.....	Colmar.........	4e	487,908	4,857	1,269
Rhône.............	279,081	2	26	257	Lyon...........	Lyon...........	Lyon...........	6e	545,633	4,202	1,098
Saône (Haute-)....	530,980	3	28	583	Vesoul.........	Besançon.......	Besançon.......	5e	347,006	3,334	871
Saône-et-Loire....	856,472	5	48	586	Mâcon..........	Autun..........	Dijon..........	5e	565,019	5,705	1,491
Sarthe............	621,600	4	33	391	Le Mans........	Le Mans........	Angers.........	16e	474,876	4,461	1,166
Seine.............	47,548	3	20	81	Paris..........	Paris..........	Paris..........	1re	1,364,467	7,768	2,030
Seine-Inférieure...	602,912	5	50	759	Rouen..........	Rouen..........	Rouen..........	1re	757,990	6,339	1,656
Seine-et-Marne....	563,482	5	29	527	Melun..........	Meaux..........	Paris..........	1re	340,212	2,804	732
Seine-et-Oise.....	560,337	6	36	683	Versailles.....	Versailles.....	Paris..........	1re	474,955	3,581	936
Sèvres (Deux-)....	607,350	4	31	355	Niort..........	Poitiers.......	Poitiers.......	14e	320,685	2,933	766
Somme.............	614,287	5	41	831	Amiens.........	Amiens.........	Amiens.........	2e	570,529	4,863	1,271
Tarn..............	573,977	4	35	315	Alby...........	Alby...........	Toulouse.......	10e	360,079	3,150	823
Tarn-et-Garonne...	366,976	3	24	192	Montauban......	Montauban......	Toulouse.......	10e	242,498	1,910	499
Var...............	726,866	4	35	202	Draguignan.....	Fréjus.........	Aix............	7e	349,859	2,652	693
Vaucluse..........	347,377	4	22	149	Avignon........	Avignon........	Nîmes..........	7e	259,154	2,121	554
Vendée............	801,700	3	30	294	Napoléon-Vendée.	Luçon..........	Poitiers.......	14e	376,184	3,465	905
Vienne............	676,000	5	31	297	Poitiers.......	Poitiers.......	Poitiers.......	14e	308,391	2,891	755
Vienne (Haute-)...	554,266	4	27	199	Limoges........	Limoges........	Limoges........	13e	314,739	2,974	777
Vosges............	583,963	5	30	546	Epinal.........	Saint-Dié......	Nancy..........	3e	427,894	4,123	1,077
Yonne.............	738,447	5	37	482	Auxerre........	Sens...........	Paris..........	1re	374,856	3,314	866
86 départements.	52,768,618	363	2,847	36,819	86 chefs-lieux...	80 diocèses...	27 cours d'appel.	17	35,400,486	306,161	80,000

de divisions militaires. — (2) D'après le recensement de 1846. Je fait cette année (1851) un nouveau recensement qui portera probablement le chiffre de la population totale à 36 millions et demi. — (3) Les

N° 5. BUDGET GÉNÉRAL DE LA FRANCE POUR 1851

DÉPENSES.

1.	Dette publique	391,454.760
2.	Dotations de l'Assemblée nationale et du pouvoir exécutif	8,902,020
3.	Services des ministères	805,792,887 (1)
4.	Frais de régie, de perception et d'exploitation des impôts et revenus publics	149,082,100
5.	Remboursements, restitutions, non-valeurs, primes et escomptes	79,614,680
	TOTAL	1,434,634,047

(1) Dont 67,394,538 pour travaux extraordinaires.

RECETTES.

1.	Contributions directes	406,913,110
2.	Enregistrement, timbre et domaines	233,197,454
3.	Produits des forêts et de la pêche	35,888,605
4.	Douanes et sels	152,427,000
5.	Contributions indirectes	294,743,000
6.	Postes	39,920,000
7.	Revenus divers	43,506,003
8.	Produits divers	31,094,319
9.	Impôts nouveaux ou accroissements d'impôts	52,427,117
10.	Recettes extraordinaires	80,660,150
	TOTAL	1,371,379,758

SERVICES DES MINISTÈRES

1.	Ministère de la justice		26,571,345
2.	— des affaires étrangères		7,076,219
3.	— de l'instruction publique	21,682,481	62,717,203
	et des cultes	41,034,722	
4.	Ministère de l'intérieur		126,543,850
5.	— de l'agriculture et du commerce		17,457,286
6.	— des travaux publics		123,402,783
7.	— de la guerre		307,524,628
8.	— de la marine et des colonies		106,449,413
9.	— des finances		28,050,160
	TOTAL		805,792,887

SERVICES DU MINISTÈRE DE LA GUERRE.

I. SERVICE ORDINAIRE.

1.	Administration centrale (personnel)	1,655,400
2.	Administration centrale (matériel)	283,000
3.	Frais généraux d'impression	218,000
4.	États-majors	14,393,132
5.	Gendarmerie	24,921,655
6.	Garde républicaine	2,592,789
7.	Recrutement et réserve	470,000
8.	Justice militaire	937,150
9.	Solde et entretien des troupes	155,133,034
10.	Habillement et campement	43,799,277
11.	Lits militaires	5,774,820
12.	Transports généraux	4,743,074
13.	Remonte générale	4,837,300
14.	Harnachement	582,175
15.	Fourrages	26,665,568
16.	Solde de non-activité et solde de réforme	478,510
	À reporter	254,429,493

	Report	254,429,493
17.	Secours	1,217,000
18.	Dépenses temporaires	302,600
19.	Subvention aux fonds de retraite	781,792
20.	Dépôt général de la guerre	131,500
21.	Matériel de l'artillerie	5,804,975
22.	Poudres et salpêtres (personnel)	545,863
23.	— (matériel)	3,508,623
24.	Matériel du génie	10,730,000
25.	Écoles militaires	2,092,505
26.	Invalides de la guerre	2,601,705
27.	Gouvernement et administration générale de l'Algérie	734,102
28.	Services indigènes en Algérie	7,459,545
29.	Services maritimes en Algérie	532,000
30.	Administration provinciale en Algérie	695,300
31.	Services financiers en Algérie	1,253,845
32.	Expropriations en Algérie	400,000
33.	Colonisation en Algérie	4,163,000
34.	Établissement disciplinaire en Algérie	700,000
35.	Travaux civils en Algérie	5,528,680
36.	Dépenses secrètes en Algérie	150,000
	TOTAL	303,814,628

2. TRAVAUX EXTRAORDINAIRES.

1.	Matériel de l'artillerie		700,000
2.	Matériel du génie	Fortifications des places	680,000
		Bâtiments militaires	1,730,000
		Travaux de défense des ports militaires	600,000
		TOTAL	3,710,000
		TOTAL GÉNÉRAL	307,524,628

N° 6. DIVISIONS ET SUBDIVISIONS MILITAIRES

N°s des divis.	CHEFS-LIEUX	SUBDIVISIONS	CHEFS-LIEUX
1.	PARIS	1. Seine	PARIS
		2. Seine-et-Oise, Oise	VERSAILLES
		3. Loiret, Loir-et-Cher, Eure-et-Loir	ORLÉANS
		4. Seine-et-Marne	MELUN
		5. Seine-Inférieure, Eure	ROUEN
		6. Aube, Yonne	TROYES
2.	LILLE	1. Nord	LILLE
		2. Pas-de-Calais, Somme	ARRAS
		3. Aisne	LAON
3.	METZ	1. Moselle	METZ
		2. Meurthe, Vosges	NANCY
		3. Marne	CHALONS
		4. Meuse	VERDUN
		5. Ardennes	MÉZIÈRES
4.	STRASBOURG	1. Bas-Rhin	STRASBOURG
		2. Haut-Rhin	COLMAR
5.	BESANÇON	1. Doubs	BESANÇON
		2. Côte-d'Or, Haute-Marne	DIJON
		3. Saône-et-Loire, Jura	CHALON SUR-S.
		4. Haute-Saône	VESOUL
6.	LYON	1. Rhône, Ain, Loire	LYON
		2. Isère, Drôme	GRENOBLE
7.	MARSEILLE	1. Bouches-du-Rhône	MARSEILLE
		2. Var	TOULON
		3. Basses-Alpes, Hautes-Alp., Vaucluse	AVIGNON
8.	MONTPELLIER	1. Hérault	MONTPELLIER
		2. Gard, Ardèche	NIMES
		3. Aveyron, Lozère	RHODEZ
9.	PERPIGNAN	1. Pyrénées-Orientales	PERPIGNAN
		2. Aude, Ariège	CARCASSONNE
10.	TOULOUSE	1. Haute-Garonne	TOULOUSE
		2. Tarn-et-Garonne, Tarn	MONTAUBAN
11.	BAYONNE	1. Basses-Pyrénées, Landes	BAYONNE
		2. Hautes-Pyrénées, Gers	AUCH
12.	BORDEAUX	1. Gironde	BORDEAUX
		2. Charente-Inférieure, Charente	LA ROCHELLE
		3. Dordogne, Lot, Lot-et-Garonne	PÉRIGUEUX
13.	CLERMONT-F.	1. Puy-de-Dôme	CLERMONT-F.
		2. Cher, Indre	BOURGES
		3. Haute-Vienne, Creuse, Corrèze	LIMOGES
		4. Haute-Loire, Cantal	LE PUY
		5. Allier, Nièvre	MOULINS
14.	NANTES	1. Loire-Inférieure	NANTES
		2. Vendée, Deux-Sèvres	NAPOLÉON-V.
		3. Maine-et-Loire	ANGERS
		4. Indre-et-Loire, Vienne	TOURS
15.	RENNES	1. Ille-et-Vilaine	RENNES
		2. Finistère	BREST
		3. Côtes-du-Nord	SAINT-BRIEUC
		4. Morbihan	VANNES
16.	CAEN	1. Calvados	CAEN
		2. Manche	SAINT-LÔ
		3. Sarthe, Mayenne	LE MANS
		4. Orne	ALENÇON
17.	BASTIA	Corse	BASTIA
	ALGER	1. Alger	ALGER
		2. Milianah	MILIANAH
		3. Medeah	MEDEAH
	ORAN	1. Oran	ORAN
		2. Tlemcen	TLEMCEN
		3. Mostaganem	MOSTAGANEM
	CONSTANTINE	1. Constantine	CONSTANTINE
		2. Sétif	SÉTIF

N° 7. TABLEAU GÉNÉRAL DE L'EFFECTIF EN HOMMES ET EN CHEVAUX DE L'ARMÉE FRANÇAISE EN 1851

ARMES ET CORPS SPÉCIAUX.	HOMMES.							CHEVAUX.			OBSERVATIONS.
	CADRES DES RÉGIMENTS, BATAILL., ESCAD., COMP. OU BATTERIES.					SOLDATS	TOTAL des HOMMES	d'officiers.	de troupe.	TOTAL.	
	Officiers.	Sous-offic. et employés y assimilés	Caporaux et brigadiers	Soldats hors rang, tambours et trompettes	Enfants de troupe.	TOTAL des cadres.						

TROUPES FRANÇAISES											
États-majors	2,176	1,650	»	»	»	3,826	»	3,826	530	»	530	(a) Il faut déduire de ce total le produit des incomplets, évalué par approximation à 8,010 hommes et à 2,670 chevaux.
Gendarmerie	698	1,202	2,441	46	»	4,447	16,399	20,846	812	12,259	13,071	Il faut y ajouter l'effectif de la garde républicaine, qui est de 2,130 hommes et de 343 chevaux.
Infanterie	9,484	17,158	22,044	15,450	2,677	66,822	167,673	234,495	262	82	344	(b) Dont, pour les divisions territoriales de l'intérieur.. 207,130 Et pour l'Algérie..... 75.000
Cavalerie	3,032	3,302	-124	4,290	632	15,700	43,232	58,932	4,536	44,856	49,392	(c) Dont, pour les divisions territoriales de l'intérieur... 69,602 Et pour l'Algérie..... 16,128
Artillerie	1,355	2,587	292	4,515	581	11,030	19,136	30,166	1,815	11,094	12,909	
Génie	254	512	538	579	112	1,995	6,732	8,727	108	950	1,058	
Équipages militaires	183	377	498	574	54	1,686	4,069	5,755	471	5,416	5,887	
Vétérans	66	146	214	56	48	530	1,800	2,330	»	»	»	
Services administratifs	2,143	230	210	»	»	2,583	2,800	5,383	200	»	200	
TOTAL	19,391	27,224	22,361	25,349	4,124	108,619	261,841	370,460	8,434	74,657	83,091	
TROUPES ÉTRANGÈRES												
Légion étrangère	176	318	414	352	50	1,310	4,800	6,110	40	12	52	
Corps indigènes d'Algérie	288	331	463	296	»	1,378	4,182	5,560	486	2,491	2,977	
TOTAL GÉNÉRAL (a)	19,855	27,873	23,238	26,167	4,174	111,307	270,823	382,130 (b)	8,930	77,160	86,120 (c)	

N° 8. DÉCOMPOSITION DE L'EFFECTIF DE L'ARMÉE FRANÇAISE EN 1851

ARMES ET CORPS SPÉCIAUX.	HOMMES.							CHEVAUX.		
	CADRES DES RÉGIMENTS, BATAILL., ESCAD., COMP. OU BATTERIES.					SOLDATS	TOTAL des HOMMES.	d'officiers.	de troupe.	TOTAL.
	Officiers.	Sous-offic. et employés y assimilés	Caporaux et brigadiers	Soldats hors rang, tambours, trompettes etc.	Enfants de troupe.	TOTAL des cadres.					

ÉTATS-MAJORS										
Maréchaux, offic.-génér., supér., et autres d. état-major	677	»	»	»	»	677	»	677	200	»	200
Intendance militaire	240	»	»	»	»	240	»	240	105	»	105
État-major des places	347	365	»	»	»	712	»	712	60	»	60
Idem particulier de l'artillerie	412	679	»	»	»	1,091	»	1,091	51	»	51
Idem particulier du génie	500	606	»	»	»	1,106	»	1,106	114	»	114
TOTAL	2,176 (1)	1,650	»	»	»	3,826	»	3,826	530	»	530
GENDARMERIE										
25 légions ou 87 compagnies départementales	597	1,056	2,116	»	»	3,769	13,426	17,195	739	11,923	12,662
2 bataillons de gendarmerie mobile	56	132	196	32	»	416	1,984	2,400	22	»	22
1 id. de voltigeurs corses (2)	16	26	33	10	»	85	336	421	8	»	8
Légion d'Afrique à 4 compagnies	21	36	72	»	»	129	453	582	41	336	377
Voltigeurs algériens (2 compagnies)	8	12	24	4	»	48	200	248	2	»	2
TOTAL	698	1,262	2,441	46	»	4,447	16,399	20,846	812	12,259	13,071
INFANTERIE										
75 rég. de ligne (3) à 3 bat. de 8 compagnies (4)	6,675	11,925	15,450	10,050	1,875	46,575	114,822	161,397	171	54	225
25 id. d'infanterie légère (5) id.	2,225	3,975	5,150	3,350	625	15,525	36,553	52,078	38	12	50
10 bat. de chasseurs à pied à 8 compagnies (6)	310	650	670	710	80	2,420	8,124	10,544	12	4	16
Régiment de zouaves à 3 bat. de 9 compagnies	97	177	231	182	28	715	2,700	3,415	20	6	26
3 bat. d'infanterie légère d'Afrique à 10 compagnies	108	204	249	153	30	744	3,000	3,744	21	6	27
12 compagnies de discipline (7)	36	132	144	24	24	360	1,174	1,534	»	»	»
7 compagnies d'ouvriers d'administration	33	95	150	190	15	483	1,300	1,783	»	»	»
TOTAL	9,484	17,158	22,044	15,459	2,677	66,822	167,673	234,495	262	82	344

SUITE DE LA DÉCOMPOSITION DE L'EFFECTIF DE L'ARMÉE FRANÇAISE EN 1851

ARMES ET CORPS SPÉCIAUX.			HOMMES.							CHEVAUX.		
			CADRES DES RÉGIMENTS, BATAILL., ESCAD., COMP. OU BATTERIES.									
			Officiers.	Sous-offic. et employés y assimilés	Caporaux et brigadiers	Soldats hors rang, tambours, trompettes etc.	Enfants de troupe.	TOTAL des cadres.	SOLDATS	TOTAL des HOMMES.	d'officiers.	de troupe.	TOTAL.
CAVALERIE.	de réserve.	2 rég. de carabiniers à 5 escad. (8)..	100	108	144	146	22	520	1,360	1,880	140	1,412	1,552
		10 id. de cuirassiers id.	500	540	720	730	110	2,600	6,800	9,400	790	7,000	7,790
	de ligne.	12 id. de dragons id.	600	648	864	876	132	3,120	8,520	11,640	840	8,772	9,612
		8 id. de lanciers id.	400	432	576	584	88	2,080	5,680	7,760	560	5,848	6,408
	légère.	13 id. de chasseurs id.	650	709	953	949	143	3,413	9,880	13,293	959	9,908	10,867
		9 id. de hussards id.	450	486	648	637	99	2,340	6,840	9,180	630	6,804	7,434
	4 régiments de chasseurs d'Afrique à 6 escadrons...		264	304	436	340	52	1,396	3,744	5,140	644	4,216	4,860
	2 escadrons de guides....................		10	22	32	8	»	72	248	320	12	310	322
	École de cavalerie....................		29	35	51	»	6	121	160	281	51	520	571
	Vétérinaires des dépôts de remonte........		20	18	»	»	»	38	»	38	»	6	6
	TOTAL......		3,032	3,302	4,424	4,290	652	15,700	43,232	58,932	4,536	44,856	49,392
ARTILLERIE.	14 régiments (10 batteries à cheval et 184 à pied) (9)..		1,176	2,170	1,670	3,972	476	9,464	17,046	26,510	1,096	9,674	11,370
	1 régiment de pontonniers à 12 compagnies....		63	111	78	180	13	445	558	1,003	6	»	6
	12 compagnies d'ouvriers.................		48	96	72	168	24	408	544	952	12	»	12
	4 escadrons du train des parcs (32 compagnies)...		66	204	168	188	68	694	916	1,610	98	1,420	1,518
	1/2 compagnie d'armuriers en Algérie........		2	6	4	7	»	19	72	91	3	»	3
	TOTAL......		1,355	2,587	1,992	4,515	581	11,030	19,136	30,166	1,215	11,094	12,909
GÉNIE.	3 régiments formant 51 compagnies (10)......		246	490	510	559	108	1,913	6,408	8,321	102	950	1,052
	2 compagnies d'ouvriers................		8	22	28	20	4	82	324	406	6	»	6
	TOTAL......		254	512	538	579	112	1,995	6,732	8,727	108	950	1,058
ÉQUIPAGES MILITAIRES.	Parc de construction et de réparation........		20	46	»	»	»	66	11	»	11		
	4 escadrons du train des équipages.........		145	301	474	544	48	1,512	3,600	5,112	160	5,416	5,576
	3 compagnies d'ouvriers.................		18	30	24	30	6	108	469	577	»	»	»
	TOTAL......		183	377	498	574	54	1,620	4,069	5,689	171	5,416	5,576
VÉTÉRANS.	3 compagnies de sous-officiers............		9	18	24	6	6	63	360	423	»	»	»
	3 id. de fusiliers..................		9	18	24	6	6	63	300	363	»	»	»
	4 id. de cavaliers..................		16	32	52	28	8	136	400	536	»	»	»
	5 id. de canonniers.................		20	60	90	10	20	200	500	700	»	»	»
	1 id. du génie.....................		4	8	12	2	4	30	110	140	»	»	»
	2 id. de gendarmes................		8	10	12	4	4	38	430	468	»	»	»
	TOTAL......		66	146	214	56	48	530	1,800	2,330	»	»	»
SERVICES ADMINISTRATIFS.	Hôpitaux.	Aumôniers............ 64											
		Officiers de santé....... 1,001											
		Officiers et adj. d'administration. 350											
		Infirmiers............ 3,240	2,143	230	210	»	»	2,583	2,800	5,383	200	»	200
	Officiers d'administration des subsistances... 383												
	Idem pour l'habillement... 78												
	Commis de l'intendance.......... 270												
CORPS ÉTRANGERS ET INDIGÈNES D'ALGÉRIE.	2 rég. de légion étrangère à 3 bataillons de 8 comp..		176	318	414	362	50	1,310	4,800	6,110	40	12	52
	3 bataillons de tirailleurs indigènes à 6 compagnies..		104	119	153	48	»	424	2,346	2,770	33	6	39
	3 régiments de spahis (17 escadrons).......		184	212	310	248	»	954	1,836	2,790	453	2,485	2,938
	TOTAL (11).....		464	649	877	648	50	2,688	8,982	11,670	526	2,503	3,029
	TOTAL GÉNÉRAL...........		19,855	27,873	33,938	26,167	4,174	111,307	270,823	382,130	8,960	77,160	86,120

(1) Dont 244 employés en Algérie. — (2) Transformé aujourd'hui en un 5e bat. de gendarm. mobile. — (3) Composition d'une compagnie d'infanterie : 1er Cadre : 20 h., dont 2 offic., 6 sous-officiers, 8 cap., 2 tamb., 1 enf. de troupe ; 2e soldats, 58. Total, 78. — (4) Dont 8 employés en Algérie. — (5) Dont 2 employés en Algérie. — (6) Dont 3 employés en Algérie. — (7) Dont 11 en Algérie. — (8) Composition d'un escadron de cavalerie : 1er Cadre : 37 h., dont 2 offic., 8 sous-offic., 16 brigad., 4 tromp., 1 enf. de troupe ; 2e soldats, 136. Total, 173. — (9) Dont 14 en Algérie (8 montées et 6 non montées). — (10) Dont 16 en Algérie. — (11) Effectif occupé en Algérie : 3,385 offic., 4,031 sous-offic., 5,138 capor. et brigad. ; 3,393 sold. hors rang, tamb. ou tromp.; 190 enf. de troupe; 50,129 sold. Total, 75,599 h. et 16,428 ch.

N° 9. ÉTAT DES PLACES FORTES DE LA FRANCE

PLACES.	CLASSEMENT (1).	CONTENANCE en hommes.	CONTENANCE en chevaux.	OBSERVATIONS.
PREMIÈRE DIVISION MILITAIRE.				
Paris (ville, enceinte, ouvrages détachés, postes-casernes, etc.)....	1re classe (2).	41,379	3,226	Les ouvrages détachés sont : forteresse de Vincennes, redoutes de Saint-Maur, forts de Nogent, de Rosny, de Noisy, de Romainville, d'Aubervilliers, de l'Est (Saint-Denis), de la Double-Couronne du Nord (Saint-Denis), de la Briche (Saint-Denis), forteresse du mont Valérien, forts d'Issy, de Vanvres, de Montrouge, de Bicêtre, d'Ivry et de Charenton. Ces ouvrages sont comptés, mais pour mémoire seulement, comme étant de 1re classe. Il faut y ajouter, pour le casernement, les casernes de Bercy, de Belleville, de Saint-Denis, de Courbevoie, de Rueil, de Saint-Cloud, de Sèvres et dix postes-casernes.
Le Havre..........	1re classe.	996	»	
Château de Dieppe........	Poste.	631	»	
Batteries de Mers, de la Douane et du Tréport...........	Idem.	290	»	
DEUXIÈME DIVISION MILITAIRE.				
Citadelle d'Amiens........	Idem.	1,255	305	Y compris la ville pour le casernement.
Citadelle de Doullens.......	Idem.	557	»	
Abbeville..........	2e classe.	851	432	
Péronne...........	1re id.	709	»	L'ouvrage à couronne de Paris est classé comme la place.
Château de Ham.........	Poste.	470	»	
Château de Guise........	Idem.	458	70	
Citadelle de Laon........	Idem.	1,132	390	Y compris la ville pour le casernement.
La Fère...........	2e classe.	1,360	474	L'ouvrage détaché de Saint-Firmin est classé comme la place.
Soissons...........	1re id.	1,730	»	L'ouvrage détaché de Saint-Jean est classé comme la place.
Arras............	1re id.	3,773	393	L'ouvrage détaché de Sainte-Catherine est classé comme poste.
Béthune...........	2e id.	1,642	173	
Saint-Venant..........	Poste.	290	»	
Aire et fort Saint-François......	1re classe.	1,137	422	Les ouvrages détachés de la place sont classés comme postes. Ce sont : les redoutes du Nord, le fort des Quatre-Moulins, le fort de la Batterie, les ouvrages à cornes de Lizel, les forts des Vaches et de Notre-Dame de Grâce, la lunette Saint-Michel.
Saint-Omer (moins les ouvrages détachés)............	1re id.	2,266	383	
Calais (ville et citadelle, moins les ouvrages détachés).......	1re id.	1,133	48	Les ouvrages détachés de la place sont classés comme postes. Ce sont : la redoute des Crabes, le fort de Nieulay, la redoute des Salines, le fort Lapin, l'ouvrage à cornes des Dunes, le fort Risban.
Boulogne (château et ville haute)..	2e id.	267	51	Le camp retranché, les forts à la mer et les ouvrages qui sont sur les hauteurs ne sont pas classés.
Montreuil...........	2e id.	294	»	
Lille (ville et citadelle)......	1re id.	5,453	566	L'ouvrage détaché dit redoute de Canteleu est classé comme poste.
Bergues...........	1re id.	1,420	»	Les ouvrages détachés dits fort Suisse et fort Lapin sont classés comme postes.
Fort François.........	Poste.	»	»	
Dunkerque..........	1re classe.	2,412	76	Les ouvrages détachés dits fort Louis, redoute de Bernard Slet, fort Risban, sont classés comme postes.
Gravelines..........	1re id.	450	»	
Fort Philippe.........	Poste.	»	»	
Douai et fort de Scarpe......	1re classe.	2,384	567	Les ouvrages détachés sont classés comme la place.
Cambrai (ville et citadelle)....	1re id.	2,155	749	Les ouvrages détachés sont classés comme la place.
Bouchain...........	2e id.	530	»	La lunette Dampierre est classée comme la place.
Valenciennes (ville et citadelle)..	1re id.	2,306	474	Les ouvrages détachés sont classés comme postes.
Condé............	1re id.	825	238	L'ouvrage en ruines de Saint-Roch n'est pas classé.
Le Quesnoy..........	1re id.	759	»	
Maubeuge..........	1re id.	2,389	456	Les redoutes de Falize, du Tilleul et d'Assent sont classées comme postes; les ouvrages du camp retranché et la lunette Saint-Lazare ne sont pas classés.
Avesnes...........	1re id.	1,401	77	L'ouvrage détaché est classé comme poste.
Landrecies..........	1re id.	1,207	122	
TROISIÈME DIVISION MILITAIRE.				
Mézières...........	1re id.	2,423	574	La lunette de Bertancourt est classée comme poste.
Sedan (ville et citadelle).....	1re id.	2,773	467	L'enceinte de Torcy est comprise dans le classement de la place.
Rocroy............	1re id.	1,707	146	Les ouvrages détachés sont classés comme postes.
Charlemont, les Givets et Mont-d'Haurs...........	1re id.	3,135	268	Les ouvrages détachés des Givets sont classés comme postes.
Vitry-le-Français........	2e id.	425	85	
Verdun (ville et citadelle).....	1re id.	4,196	714	
Montmédy...........	2e id.	932	110	Médy-Haut est de 1re classe, Médy-Bas de 2e.
Metz.............	1re id.	11,120	862	Les ouvrages détachés sont de 1re classe, excepté la lunette Miolis qui est classée comme poste.
Bitche (château)........	1re id.	833	»	
Thionville...........	1re id.	2,892	796	
Longwy...........	1re id.	2,634	224	
Toul.............	2e id.	1,908	567	
Marsal............	2e id.	2,072	156	Les ouvrages d'Harancourt et d'Orléans sont classés comme la place.
Phalsbourg..........	2e id.	1,722	88	
QUATRIÈME DIVISION MILITAIRE.				
Strasbourg (ville et citadelle)....	1re id.	10,044	1,185	
Haguenau..........	2e id.	1,447	810	
La Petite-Pierre.........	2e id.	180	»	
Lichtenberg..........	Poste.	138	»	
Weissembourg.........	2e classe.	776	100	Les ouvrages des lignes ne sont pas classés.
Lauterbourg..........	2e id.	489	90	
Schelestadt..........	2e id.	1,505	332	Les ouvrages détachés sont compris dans le classement.
Neuf-Brisach..........	1re id.	1,642	280	
Fort Mortier..........	Poste.	»	»	
Belfort (ville et château)......	1re classe.	2,325	470	Ce camp comprend les forts de la Justice et de la Miotte avec les branches de jonction.
Belfort (camp retranché).....	Poste.	»	»	
CINQUIÈME DIVISION MILITAIRE.				
Besançon (ville, citadelle et ouvrages détachés)..........	1re classe.	5,186	739	Ces ouvrages sont les forts Chaudanne et Brégille, les lunettes Beauregard, de Charmont, de Battant et les défenses des portes Taillée et Malpas.
Château de Montbéliard......	Poste.	867	60	Les restes des fortifications de la ville et de l'ancienne citadelle ne sont pas classés.

(1) Les places fortes et points fortifiés de la France ne sont pas classés dans l'ordre de leur importance et de leur grandeur, mais dans l'ordre des servitudes que leur conservation impose aux immeubles qui les avoisinent. Ces servitudes ont été réglées par les lois des 10 juillet 1791 et 17 juillet 1819, par l'ordonnance royale du 1er août 1821 et par la loi du 10 juillet 1851. Cette dernière loi a réduit le classement des places à deux séries : la 1re comprenant les places de 1re classe, la 2e comprenant les places de 2e classe et les postes.

(2) Ce classement n'est indiqué ici que pour mémoire, car la loi du 3 août 1841 a posé des règles spéciales pour l'application des servitudes aux fortifications de Paris.

PLACES.	CLASSEMENT	CONTENANCE en hommes	CONTENANCE en chevaux	OBSERVATIONS.
Forts de Joux et de Larmont....	Poste.	326	154	Y compris, pour le classement, la communication du Chauffaud, et pour le casernement, la ville de Pontarlier.
Citadelle de Langres.........	1re classe.	2,609	»	Y compris les branches de jonction.
Langres (la ville)..........	2e id.	2,372	583	
Auxonne..................	2e id.	741	26	Ces forts sont Saint-André, Belin et la lunette Bracon.
Forts de Salins............	Poste.	3,080	»	
Les Rousses...............	1re classe.			

SIXIÈME DIVISION MILITAIRE.

PLACES.	CLASSEMENT	CONTENANCE en hommes	CONTENANCE en chevaux	OBSERVATIONS.
Lyon (ville, forts et autres ouvrages défensifs)............	1re id.	9,658	327	Le système des fortifications de Lyon se compose de : 1° sur la Saône, du fort et de la lunette de Sainte-Foy, du fort Saint-Irénée, de l'enceinte de Fourvières, du fort Loyasse et de sa lunette, du fort de Vaise, du fort de la Duchère ; 2° entre le Rhône et la Saône, du fort Saint-Jean et de l'enceinte de la Croix-Rousse, du fort de Caluire, du fort Montessuy et de ses redoutes ; 3° sur le Rhône, de la lunette du Rhône, du fort de la Tête-d'Or, de la lunette des Charpennes, du fort des Brotteaux, du fort de la Part-Dieu, du fort et de la lunette de Villeurbanne, du fort de la Motte, du fort du Colombier, du fort de la Vitriolerie, enfin de l'enceinte et du canal qui relient tous ces forts. Cette dernière enceinte, celle de la Croix-Rousse, et le fort Saint-Jean ne sont pas classés.
Fort-l'Écluse.............	Poste.	292	»	
Pierre-Châtel.............	Idem.	460	»	
Fort-les-Bancs............	Idem.	»	»	
Grenoble.................	1re classe.	4,357	226	Y compris les ouvrages de la Bastille, de Rabot et du Jardin-Dôle.
Fort-Barrault.............	1re id.	411	»	

SEPTIÈME DIVISION MILITAIRE.

PLACES.	CLASSEMENT	CONTENANCE en hommes	CONTENANCE en chevaux	OBSERVATIONS.
Sisteron (citadelle).........	Poste.	64	»	Y compris les retranchements de la porte de la Saunerie.
Embrun..................	2e classe.	670	»	
Mont-Dauphin.............	2e id.	1,107	»	
Fort Queyras..............	Poste.	77	»	
Briançon (ville, forts et ouvrages détachés).................	1re classe.	2,083	»	Ces ouvrages sont : redoute des Salettes, fort Dauphin, redoute et fort d'Anjou, fort de Randouillet, fort des Têtes.
Tournoux.................	1re id.	500	»	
Fort Saint-Vincent.........	1re id.	41	»	
Seyne (ville et citadelle).....	2e classe.	127	»	
Colmars..................	2e id.	152	»	Y compris les forts de France et de Savoie.
Entrevaux................	2e id.	218	»	
Toulon (ville et port, fort Lamalgue et camp Sainte-Anne).....	1re id.			Y compris la communication de la ville au fort Lamalgue et les fronts de l'enceinte de Castigneau. Le fort Saint-Louis, la batterie du cap Lamalgue et la Grosse-Tour ne sont pas classés.
Toulon (ouvrages détachés)....	Postes.	3,925	»	Ce sont les forts Malbousquet, du Petit-Saint-Antoine, du Grand-Saint-Antoine, la tour de Lhubac, l'ouvrage du Pas-de-Layrae, le retranchement du Pas-de-Leydet, l'ouvrage du Pas-de-la-Masque, le fort et la tour de la Croix-du-Faron, les forts d'Artigues, Sainte-Catherine et du Cap-Brun.
Toulon (forts et ouvrages de la rade et de la presqu'île Cepet).....	Postes.			Ce sont les forts Sainte-Marguerite et de la Croix-des-Signaux, la batterie de la Carraque, les forts Saint-Elme, Balaguier, de l'Aiguillette et du Petit-Gibraltar ou fort Napoléon.
Forts des îles d'Hyères......	2e classe.	406	»	Ce sont fort de la Vigie, le château de Lestissac et le fort Portman dans l'île de Porteros; les forts du Petit et du Grand-Langoustier, le château de Porquerolles et le fort de Licastre dans l'île de Porquerolles. Les autres batteries ne sont pas classées.
Citadelle de Saint-Tropez.....	Poste.	97	»	
Antibes et fort Carré........	1re classe.	1,191	»	
Fort Sainte-Marguerite......	Poste.	183	»	
Fort Brégançon............	Idem.	»	»	
Forts de Marseille..........	Idem.	2,365	49	Y compris la ville pour le casernement. Les forts de Marseille sont : Saint-Nicolas, Saint-Jean et Notre-Dame-de-la-Garde. Le château d'If et les ouvrages des îles Pomègue et Ratonneau ne sont pas classés.
Fort de Bouc..............	Idem.	124	»	

HUITIÈME DIVISION MILITAIRE.

PLACES.	CLASSEMENT	CONTENANCE en hommes	CONTENANCE en chevaux	OBSERVATIONS.
Citadelle de Montpellier.....	Idem.	2,717	88	Y compris la ville pour le casernement.
Forts de Cette et de la presqu'île de Cette................	Idem.	875	»	Ce sont : la citadelle Richelieu, le fort Saint-Louis, le fort Saint-Pierre, le fort Butte-Ronde, les redoutes et le retranchement des Salins, et le retranchement de la Peyrade.
Fort Brescou..............	2e classe.			
Tour du Grau d'Agde.......	Poste.	368	»	
Aigues-Mortes.............	2e classe.	131	»	
Citadelle de Pont-Saint-Esprit...	2e id.	1,040	40	Les restes des fortifications de la ville ne sont pas classés.

NEUVIÈME DIVISION MILITAIRE.

PLACES.	CLASSEMENT	CONTENANCE en hommes	CONTENANCE en chevaux	OBSERVATIONS.
Perpignan (ville et citadelle)...	1re id.	3,461	100	Ce sont le fort Carré, la tour de l'Étoile, la redoute du Palat, le fort Saint-Elme et le fort Miradoux.
Château de Salces..........	Poste.			
Collioure (avec ses ouvrages détachés)..................	Idem.	424	»	Ces forts sont les redoutes de la presqu'île, du Béar et de Mailly.
Forts de Port-Vendres.......	Idem.	104	»	
Bellegarde................	1re classe.	394	»	
Redoute du Perthus.........	Poste.			
Fort-les-Bains.............	Idem.	90	»	
Pratz de Mollo et fort Lagarde.	2e classe.	281	»	
Mont-Louis...............	1re id.	859	»	
Villefranche..............	1re id.	354	»	
Citadelle de Carcassonne.....	2e id.	1,099	444	
Narbonne.................	2e id.	1,062	»	
Tour de la Nouvelle.........	Poste.	»	»	

ONZIÈME DIVISION MILITAIRE.

La dixième division militaire ne renferme pas de places fortes.

PLACES.	CLASSEMENT	CONTENANCE en hommes	CONTENANCE en chevaux	OBSERVATIONS.
Bayonne (ville, citadelle, enceinte et réduit)................	1re classe.	2,871	101	Les ouvrages de Puiloran et du camp retranché de Marrac ne sont pas classés.
Bayonne (camp retranché de Mousserolles)..................	2e id.	»	»	
Fort Socoa...............	Poste.	53	»	
Navarreins...............	2e classe.	436	»	
Le Portalet...............	Poste.	156	»	
Saint-Jean-Pied-de-Port......	1re classe.	497	»	Les redoutes de Picocoury, de Cruchemendy, de Gosselon-Mendy et d'Yspoure ne sont pas classées.
Château de Lourdes.........	Poste.	138	»	
Château de Dax...........	Idem.	642	»	

DOUZIÈME DIVISION MILITAIRE.

PLACES.	CLASSEMENT	CONTENANCE en hommes	CONTENANCE en chevaux	OBSERVATIONS.
Citadelle de Blaye..........	Idem.			
Forts Paté et Médoc.........	Idem.	854	»	

PLACES.	CLASSEMENT	CONTENANCE		OBSERVATIONS.
		en hommes.	en chevaux.	
Pointe de Grave.	1re classe.	»	»	
Fort Royan.	Idem.	»	»	
Rochefort.	2e classe.	405	»	
Forts de la Charente.	Poste.			Ce sont les forts du Vergeroux, Lupin, Vasou ou de la Pointe, Fouras, l'Aiguille, de l'île Madame, et la redoute du Treuil. Les forts de Piedemont, Chaigneau et les autres batteries ne sont pas classés.
Fort d'Enet.	Idem.	»	»	
Ile d'Aix (bourg, fort de la rade et fort Liedot).	1re classe.	285		
Ile d'Aix (batteries de Coup de Pont et de Fougères).	Poste.			
Château de l'île d'Oléron.	1re classe.			
Forts des Saumonards et de Boyardville (île d'Oléron).	Poste.	860	»	
Fort Boyard.	Idem.			
Fort Chapus.	Idem.			
Saint-Martin de Rhé.	1re classe.	2,045	»	
Forts de l'île de Rhé.	Poste.			Ce sont le fort La Prée, la redoute du Martray, la redoute de Sablanceau et la redoute des Portes.
La Rochelle.	1re classe.	1,873	64	Les ouvrages détachés de La Rochelle sont classés comme poste. Ce sont : les batteries de la pointe des Minimes et de Chef de Baye.
QUATORZIÈME DIVISION MILITAIRE.				La treizième division militaire ne renferme pas de places fortes.
Fort Saint-Nicolas des Sables.	Poste.	75	»	Les autres batteries et retranchements des Sables ne sont pas classés.
Fort de l'île d'Yeu.	Idem.	213	»	Les autres batteries de l'île ne sont pas classées.
Château de Noirmoutier.	Idem.	124	»	Idem.
Fort de l'île du Pilier.	Idem.	»	»	
Batterie de Saint-Nazaire.	Idem.	»	»	
Batterie de Minden.	Idem.	»	»	
Château de Nantes.	Idem.	2,133	»	Y compris la ville pour le casernement.
Château d'Angers.	Idem.	983	100	Idem.
Château de Saumur.	Idem.	790	632	Idem.
QUINZIÈME DIVISION MILITAIRE.				
Belle-Ile (ville et citadelle).	1re classe.	1,139	»	Les batteries de l'île ne sont pas classées.
Forts de l'île d'Houat et de l'île d'Hœdic.	Poste.	»	»	
Fort et batterie de l'île Dumet.	Idem.	»	»	
Fort Penthièvre.	Idem.	290	»	Y compris les batteries de la presqu'île de Quiberon.
Fort Lacroix et batteries de l'île de Groix.	Idem.	442	»	
Port-Louis.	2e classe.			
Lorient.	1re id.	1,037	»	Le fort de Pennemané et la batterie de l'îlot Saint-Michel sont classés comme poste.
Redoute du Pouldu.	Poste.	»	»	
Fort de Loch.	Idem.	»	»	
Fort du Talut.	Idem.	»	»	
Batterie de Graves.	Idem.	»	»	
Batterie de Loqueltas.	Idem.	»	»	
Batterie de Quernevel.	Idem.	»	»	
Fort Cigogne (Iles de Glénans).	Idem.	»	»	
Concarneau.	2e classe.	90	»	
Batterie de Saint-Mathieu.	Poste.	»	»	Y compris les trois redoutes de l'anse des Sablons.
Batterie de Toulinguet.	Idem.	»	»	
Fort Berthéaume.	Idem.	»	»	
Lignes et réduits de la presqu'île de Quelern.	Idem.	483	»	
Brest (ville et château).	1re classe.			
Brest (ouvrages détachés).	Poste.			Ces ouvrages sont : lunette du Stiff, fort Portzic, lunette de Pont-à-Louet, fort Montbarry, redoute de Kerautroux, lunette de Coat-ten, redoute de Guestelbras, fort Penfeld, redoute de Keroriou.
Brest (forts du goulet et de la rade).	Idem.	2,225	»	Ce sont les forts : Portzic, Dellec, Maingant, Minou, Toulbrach, de Cornouailles, de la pointe des Espagnols, de l'île Longue, de Lanvéoc, de l'Armorique ou de Plancastel et du Corbeau.
Fort Céson.	Idem.	»	»	
Château du Taureau.	Idem.	555	53	Y compris, pour le casernement, la ville de Morlaix.
Château et batteries de l'île aux Moines.	Idem.			
Saint-Malo (ville, château et ouvrages détachés).	Idem.	1,068	48	Ces ouvrages sont : forts de Nay, de la Cité, d'Harbour, du Petit-Bay, du Grand-Bay, de la Conchée, National, Lavarde, La Latte, redoute du Silon, lunette de Rocabey, fort de Châteauneuf.
Fort des Rimains.	Idem.	»	»	
SEIZIÈME DIVISION MILITAIRE.				
Mont Saint-Michel.	Idem.	»	»	
Granville.	2e classe.	»	»	Y compris le fort de la Roche-Gautier et la redoute de l'esplanade du Roc.
Cherbourg (port militaire).	1re classe.			Y compris le fort du Homet.
Cherbourg (ouvrages détachés).	Poste.	3,314	»	Ces ouvrages sont : fort et redoute de Querqueville, batterie des Couplets, redoute du Tôt, redoute des Fourches, redoute d'Octeville, fort du Roule, redoutes de Trottebec et de Tourlaville.
Cherbourg (ouvrages de la rade).	Idem.			Ces ouvrages sont les trois forts de la digue, le fort de l'île Pelée et le fort des Flamands.
Fort La Hougue.	Idem.	234	»	
Forts de Tatihou.	Idem.	216	»	
Iles Saint-Marcouf.	Idem.			
Château de Caen.	Idem.	1,574	»	Y compris la ville pour le casernement.
DIX-SEPTIÈME DIVISION MILITAIRE.				
Citadelle d'Ajaccio.	Idem.	723	»	Y compris la ville pour le casernement.
Fort de Vizzavona.	Idem.	29	»	
Tour de Girolata.	Idem.	»	»	
Calvi (place).	1re classe.	308	»	Les ouvrages détachés, qui sont le fort Mourello et le fort de la Torretta, sont classés comme postes.
Poste de l'Ile Rousse.	Idem.	126	»	
Citadelle de Saint-Florent.	Idem.	127	»	
Citadelle de Bastia.	Idem.	971	»	Y compris, pour le classement, les ouvrages détachés, qui sont : forts Lacroix, Monserrato, Gaetano, Straforello, et, pour le casernement, la ville.
Citadelle de Corté.	Idem.	525	»	
Ponte-Nuovo.	Idem.	»	»	
Château d'Aleria.	Idem.	»	»	
Porto-Vecchio.	Idem.	»	»	
Bonifaccio.	2e classe.	324	»	

N° 10. ÉTAT DES VILLES DE CASERNEMENT NON CLASSÉES COMME PLACES FORTES.

VILLES.	Hommes	Chevaux	VILLES.	Hommes	Chevaux	VILLES.	Hommes	Chevaux
PREMIÈRE DIVISION MILITAIRE.			Bourbonne........	90	»	Angoulême.........	848	»
			Chaumont.........	171	»	Bordeaux..........	2264	98
Versailles.........	4707	1410	Dijon.............	1908	173	Libourne...........	754	412
Saint-Germain.....	1060	646	Dôle..............	507	445	Périgueux..........	1122	»
Rambouillet.......	700	468	Lons-le-Saulnier...	799	»	Cahors............	785	»
Senlis............	122	130	Châlon-sur-Saône..	609	»	Agen..............	542	»
Compiègne.......	904	658	Mâcon...........	640	»	**TREIZIÈME DIVISION MILITAIRE.**		
Beauvais.........	680	527	Vesoul...........	670	515			
Melun............	1488	718	Favernay.........	103	92	Clermont.........	1100	98
Fontainebleau....	1938	581	Gray............	604	358	Le Puy...........	417	»
Provins..........	622	544				Aurillac.........	379	105
Meaux...........	748	407	**SIXIÈME DIVISION MILITAIRE.**			Bourges..........	1206	»
Joigny...........	472	276	Saint-Étienne.....	946	»	Châteauroux......	506	112
Auxerre..........	667	»	Montbrison.......	990	»	Limoges..........	942	507
Troyes...........	362	»	Pont-de-Beauvoisin.	94	»	Guéret...........	298	140
Saint-Valery en Caux.	105	»	Vienne...........	629	238	Tulle............	689	»
Eu...............	720	136	Valence..........	1107	150	Moulins..........	982	688
Rouen............	1985	»	Romans..........	651	»	Nevers...........	585	172
Évreux...........	408	»	Montélimart......	1048	»	**QUATORZIÈME DIVISION MILITAIRE.**		
Vernon...........	480	59	**SEPTIÈME DIVISION MILITAIRE.**					
Le Bec-Hellouin...	105	153				Ancenis.........	512	117
Orléans..........	1813	»	Gap..............	701	»	Napoléon-Vendée.	1042	»
Vendôme.........	790	528	Digne...........	513	»	Fontenay........	309	370
Montoire.........	175	104	Avignon.........	1803	»	Niort............	960	601
Blois............	1149	»	Orange..........	340	100	Saint-Maixent....	400	225
Chartres.........	804	432	Draguignan......	506	»	Beaupréau.......	710	»
Châteaudun......	206	211	Tarascon........	1006	743	Chollet..........	229	»
Dreux............	358	»	Aix..............	1375	24	Tours............	1754	804
DEUXIÈME DIVISION MILITAIRE.			**HUITIÈME DIVISION MILITAIRE.**			Poitiers..........	1912	749
Bapaume........	196	116	Lunel............	488	224	**QUINZIÈME DIVISION MILITAIRE.**		
Ardres...........	444	»	Béziers..........	1043	342	Le Conquet......	383	»
Hesdin..........	1060	336	Nîmes...........	1680	46	Iles d'Ouessant..	78	»
Chauny..........	154	58	Uzès............	688	»	Quimper.........	501	»
TROISIÈME DIVISION MILITAIRE.			Alais............	287	»	Rennes..........	3435	836
Charleville.......	380	»	Rhodez..........	826	»	Fougères.........	447	75
Château de Villers.	102	118	Mende...........	140	»	Saint-Brieuc.....	771	»
Donchery........	323	182	**NEUVIÈME DIVISION MILITAIRE.**			Guingamp........	185	227
Châlons-sur-Marne.	1220	622				Vannes..........	764	»
Stenay..........	440	242	Foix.............	524	»	Pontivy..........	770	476
Commercy.......	767	367	**DIXIÈME DIVISION MILITAIRE.**			Auray............	376	»
Sampigny........	160	276				**SEIZIÈME DIVISION MILITAIRE.**		
Saint-Mihiel.....	754	462	Toulouse.........	3230	560			
Bar-le-Duc.......	342	»	Castres..........	1114	819	Saint-Lô.........	240	218
Sarreguemines...	551	346	Alby............	314	»	Carentan........	265	»
Saint-Avold......	252	185	Montauban......	430	»	Le Mans.........	1053	408
Nancy...........	3378	251	**ONZIÈME DIVISION MILITAIRE.**			Laval............	693	»
Pont-à-Mousson..	536	423				Alençon.........	359	220
Vic..............	»	193	Pau..............	2024	»	**DIX-SEPTIÈME DIVISION MILITAIRE.**		
Sarrebourg.......	430	88	Auch............	1008	498			
Lunéville........	3167	2263	Tarbes...........	1273	607	Vico.............	58	»
Épinal...........	694	335	Barèges..........	33	»	Rogliano.........	57	»
QUATRIÈME DIVISION MILITAIRE.			**DOUZIÈME DIVISION MILITAIRE.**			Cervione.........	377	»
Colmar..........	1588	684	Saintes..........	673	166	Algaiola.........	43	»
Huningue........	613	280	Saint-Jean-d'Angely.	436	204	Prunelli..........	46	»
						Sartène..........	246	»

N° 11. ÉTABLISSEMENTS D'ARTILLERIE.

Dépôt central renfermant les ateliers de précision et de construction, les inspections des fonderies, forges et manufactures, le musée : Paris.

Direction des poudres et salpêtres : Paris.

École d'application : Metz.

École de pyrotechnie : Metz.

Directions d'artillerie : Bayonne, Besançon, Brest, Douai, Grenoble, La Fère, La Rochelle, Lyon, Metz, Mézières, Montpellier, Paris, Rennes, Saint-Omer, Perpignan, Strasbourg, Toulouse, Toulon, Alger, Oran, Constantine.

Écoles régimentaires : Vincennes, La Fère, Douai, Metz, Strasbourg, Besançon, Rennes.

Arsenaux de construction : La Fère, Douai, Metz, Strasbourg, Lyon, Toulouse, Rennes.

Fonderies : Douai, Strasbourg, Toulouse.

Forges : Metz, Mézières, Besançon, Toulouse, Rennes, Nevers.

Manufactures d'armes : Mutzig, Saint-Étienne, Tulle et Châtellerault.

Poudreries : Le Bouchet (Seine-et-Oise), Esquerdes (Pas-de-Calais), Vonges (Ardennes), Saint-Ponce (Côte-d'Or), Pont-de-Buis (Finistère), Saint-Médard (Charente), Le Ripault (Indre-et-Loire), Saint-Chamas (Bouches-du-Rhône), Metz, Toulouse, Angoulême.

Raffineries : Paris, Lille, Nancy, Toulouse, Bordeaux, Marseille, Le Ripault.

Capsuleries de guerre : Paris et Montreuil (Seine).

N° 12. ÉTABLISSEMENTS DU GÉNIE.

Dépôt des fortifications : Paris.

Arsenal du génie : Metz.

École d'application : Metz.

Écoles régimentaires : Metz, Arras, Montpellier.

Garnisons : Metz, Arras, Montpellier.

Directions du génie : Paris, Le Havre, Amiens, Arras, Lille, Mézières, Metz, Strasbourg, Besançon, Lyon, Embrun, Toulon, Montpellier, Perpignan, Bayonne, La Rochelle, Clermont, Nantes, Brest, Cherbourg, Ajaccio, Alger, Oran, Constantine.

N° 13. ÉCOLES MILITAIRES.

École d'application d'artillerie et du génie : Metz.

École d'application d'état-major : Paris.

École de cavalerie : Saumur.

École polytechnique : Paris.

École spéciale militaire : Saint-Cyr.

École normale de tir : Vincennes.

Collège militaire : La Flèche.

Gymnases divisionnaires : Arras, Metz, Strasbourg, Lyon, Montpellier.

Gymnase musical militaire : Paris.

N° 14. PARCS DE CONSTRUCTION DES ÉQUIPAGES MILITAIRES.

Direction centrale : Vernon.

Parcs de construction : Vernon, Châteauroux.

Parcs de réparations : Alger, Oran, Philippeville.

N° 15. JUSTICE MILITAIRE (1).

DIVISIONS MILIT^{res}.		VILLES OÙ SIÈGENT LES CONSEILS.	DIVISIONS MILIT^{res}.		VILLES OÙ SIÈGENT LES CONSEILS.	DIVISIONS MILIT^{res}.		VILLES OÙ SIÈGENT LES CONSEILS.
1re	1er conseil	Paris.	8^e	1er conseil	Montpellier.	15^e	1er conseil	Rennes.
	2e conseil	Id.		2e conseil	Id.		2e conseil	Brest.
	Conseil de révision	Id.		Conseil de révision	Nîmes.		Conseil de révision	Rennes.
2^e	1er conseil	Lille.	9^e	1er conseil	Perpignan.	16^e	1er conseil	Cherbourg.
	2e conseil	Id.		2e conseil	Id.		2e conseil	Caen.
	Conseil de révision	Id.		Conseil de révision	Id.		Conseil de révision	Id.
3^e	1er conseil	Metz.	10^e	1er conseil	Toulouse.	17^e	1er conseil	Bastia.
	2e conseil	Verdun.		2e conseil	Id.		2e conseil	Ajaccio.
	Conseil de révision	Metz.		Conseil de révision	Id.		Conseil de révision	Bastia.
4^e	1er conseil	Strasbourg.	11^e	1er conseil	Bayonne.	Division d'Alger.	1er conseil	Blidah.
	2e conseil	Id.		2e conseil	Id.		2e conseil	Alger.
	Conseil de révision	Id.		Conseil de révision	Id.		Conseil de révision	Id.
5^e	1er conseil	Besançon.	12^e	1er conseil	Bordeaux.	Division d'Oran.	1er conseil	Oran.
	2e conseil	Id.		2e conseil	La Rochelle.		2e conseil	Id.
	Conseil de révision	Id.		Conseil de révision	Bordeaux		Conseil de révision	Id.
6^e	1er conseil	Lyon.	13^e	1er conseil	Clermont-F.	Division de Const.	1er conseil	Constantine.
	2e conseil	Id.		2e conseil	Bourges.		2e conseil	Id.
	Conseil de révision	Id.		Conseil de révision	Clermont-F.		Conseil de révision	Id.
7^e	1er conseil	Toulon.	14^e	1er conseil	Nantes.			
	2e conseil	Marseille.		2e conseil	Tours.			
	Conseil de révision	Toulon.		Conseil de révision	Angers.			

N° 16. HOPITAUX MILITAIRES.

DIVISIONS MILIT^{res}.	VILLES ET POSTES.	DIVISIONS MILIT^{res}.	VILLES ET POSTES.	DIVISIONS MILIT^{res}.	VILLES ET POSTES.	DIVISIONS MILIT^{res}.	VILLES ET POSTES.
1re	Paris. Versailles.	4^e	Strasbourg. Colmar. Belfort.	15^e	Rennes. Belle-Ile-en-Mer. Bastia. Ajaccio. Corte. Calvi.		Oran. Mostaganem.
2^e	Lille. Cambrai. Dunkerque. Maubeuge. Valenciennes. Calais. Saint-Omer.	5^e	Besançon. Bourbonne-les-Bains.			Division d'Oran.	Mascara. Tlemcen. Thiaret. Nemours.
		6^e	Lyon.	17^e			
		7^e	Briançon. Toulon. Marseille.		Bonifaccio. Alger. Mustapha. Coleah. Blidah. Medeah. Aumale. Boghar. Milianah. Teniet-el-Had. Cherchell. Tenez. Orléansville. Dellys.		Constantine. Sétif. Bone. La Calle. Bougie. Ghelma. Philippeville. Djigely. El Arouch. Biskara. Bathna.
3^e	Givet. Sedan. Montmédy. Metz. Bitche. Longwy. Thionville. Sarreguemines. Nancy. Phalsbourg.	9^e	Perpignan. Montlouis.			Division de Const.	
		10^e	Toulouse.				
		11^e	Bayonne. Saint-Jean-Pied-de-Port. Barèges.	Division d'Alger.			
		12^e	Bordeaux. La Rochelle. Ile d'Oléron.				
		13^e	Vichy.				

(1) D'après les lois des 13 brumaire an V et 18 vendémiaire an VI, il y a par division militaire deux conseils de guerre permanents et un conseil de révision aussi permanent.

N° 17. TABLEAU DES ÉTABLISSEMENTS DE REMONTE.

DÉPÔTS.	SUCCURSALES.	CIRCONSCRIPTIONS.	POPULATION CHEVALINE.
CAEN......	Caen...........	Calvados..	597,843
	Alençon.........	Orne, Sarthe, Eure-et-Loir.................	
	Le Bec..........	Eure, Seine-Inférieure, Oise, Seine-et-Oise......	
	Angers..........	Maine-et-Loire, Mayenne, Indre-et-Loire, Loir-et-Cher.....	
SAINT-LÔ.....	Saint-Lô........	Manche...	91,811
GUINGAMP....	Guingamp.......	Ille-et-Vilaine, Côtes-du-Nord, Morbihan, Loire-Inf. (rive dr.)	320,024
	Morlaix.........	Finistère...	
VILLERS.....	Villers..........	Ardennes, Marne, Seine-et-Marne, Aisne.......	752,145
	Hesdin..........	Pas-de-Calais, Nord, Somme.................	
	Sampigny.......	Meuse, Moselle, Meurthe, Vosges, Haut-Rhin, Bas-Rhin.....	
SAINT-MAIXENT...	Saint-Maixent...	Vienne, Deux-Sèvres........................	161,217
	Saint-Jean-d'Angély...	Charente, Charente-Inférieure..............	
	Fontenay-le-Comte...	Vendée, Loire-Inférieure (rive gauche)......	
GUÉRET.....	Guéret..........	Creuse, Indre, Cher, Haute-Vienne, Nièvre, Allier, Saône-et-Loire.	119,449
AUCH......	Auch...........	Gers, Landes, Haute-Garonne...............	285,714
	Tarbes..........	Hautes-Pyrénées, Basses-Pyrénées..........	
	Castres.........	Tarn, Aude, Pyrénées-Orientales, Ariège, Aveyron.....	
	Aurillac.........	Loire, Haute-Loire, Lozère, Puy-de-Dôme, Cantal, Corrèze...	
	Agen............	Lot-et-Garonne, Tarn-et-Garonne, Lot........	
	Mérignac........	Gironde, Dordogne............................	
	Population chevaline des départements explorés par la remonte............		2,328,200
	Id. Id. non explorés par la remonte (1)............		490,296
	Total général de la population chevaline en France (2).............		**2,818,496**

(1) Ces départements sont : Ain, Basses-Alpes, Hautes-Alpes, Ardèche, Aube, Bouches-du-Rhône, Corse, Côte-d'Or, Doubs, Drôme, Gard, Hérault, Isère, Jura, Loiret, Haute-Marne, Rhône, Haute-Saône, Seine, Var, Vaucluse, Yonne.

(2) « La population chevaline de la France se renouvelle annuellement dans une proportion comprise entre le huitième et le dixième. Depuis 60 ans elle s'est toujours accrue proportionnellement à la population humaine, et son rapport avec celle-ci a été constamment de 8 p. 100. La production du pays ne suffit pas à sa consommation. Les animaux qui manquent à la France appartiennent surtout à la catégorie des chevaux de carrosse ou à deux fins, qui sont aussi ceux qu'on emploie le plus généralement pour remonter la cavalerie. L'effectif des chevaux nécessaires aux différents services de l'armée française est : *sur le pied de paix*, de 69,664 chevaux de selle et de 6,973 chevaux de trait ; *sur le pied de guerre*, de 89,824 chevaux de selle et de 36,707 chevaux de trait. » (Rapport fait en 1850, au Conseil supérieur des Haras, par M. le général de Lamoricière.)

N° 18. TABLEAU DES CIRCONSCRIPTIONS MARITIMES [1]

ARRONDISSEMENTS.	SOUS-ARROND.	QUARTIERS.	SYNDICATS.	STATIONS.	ARRONDISSEMENTS.	SOUS-ARROND.	QUARTIERS.	SYNDICATS.	STATIONS.
1. CHERBOURG..	DUNKERQUE..	Dunkerque.....	2	6	4. ROCHEFORT..	ROCHEFORT..	Noirmoutier.....	2	3
		Calais..........	3	3			Sables-d'Olonne..	6	6
		Boulogne.......	4	4			Ile de Rhé......	4	3
		St-Valery-sur-Somme.	3	3			La Rochelle.....	6	3
	LE HAVRE..	Dieppe.........	3	7			Ile d'Oléron.....	4	4
		Fécamp........	5	6			Rochefort.......	5	4
		Le Havre......	4	2			Marennes.......	4	2
		Rouen..........	6	7			Saintes.........	3	0
		Honfleur.......	5	4			Royan..........	3	4
	CHERBOURG..	Caen...........	5	3			Pauillac........	4	4
		La Hougue.....	5	3			Blaye..........	3	4
		Cherbourg.....	5	4		BORDEAUX..	Libourne.......	6	2
2. BREST....	SAINT-SERVAN..	Granville.......	12	6			Bordeaux.......	5	3
		Saint-Malo......	8	5			Langon.........	4	2
		Dinan..........	5	2			La Teste-de-Buch.	5	7
	BREST....	Saint-Brieuc....	7	3		BAYONNE..	Dax............	6	0
		Paimpol........	4	4			Bayonne........	4	2
		Morlaix.........	7	3			Saint-Jean-de-Luz.	4	0
		Brest...........	11	3	5. TOULON...	CORSE..	Bastia..........	12	3
		Quimper.......	9	3		TOULON..	Antibes.........	4	2
3. LORIENT....	LORIENT..	Lorient.........	7	3			Saint-Tropez....	4	1
		Auray..........	5	3			Toulon..........	4	5
		Vannes.........	6	4			La Seyne.......	5	2
		Belle-Ile-en-Mer.	3	2		MARSEILLE..	La Ciotat.......	3	4
	NANTES..	Croisic.........	7	2			Marseille.......	6	2
		Paimbœuf......	3	4			Martigues......	5	5
		Nantes.........	4	2			Arles..........	3	4
						PORT-VENDRES..	Cette..........	7	4
							Agde...........	4	2
							Narbonne.......	5	3
							Port-Vendres...	3	2

(1) Les côtes de la France sont divisées en 5 préfectures ou arrondissements maritimes, lesquelles sont administrées chacune par un officier-général de marine, dit préfet maritime. Chacun des 5 arrondissements se subdivise en sous-arrondissements, lesquels sont administrés chacun par un officier supérieur du commissariat de la marine, sous les ordres du préfet maritime.

Chaque sous-arrondissement se subdivise, pour l'inscription maritime, en *quartiers* administrés chacun par un commissaire de la marine, et chaque quartier en *syndicats* dirigés chacun par un *syndic des gens de mer*, et en *stations* dirigées chacune par un *garde maritime*.

L'inscription maritime est l'institution qui oblige tout homme exerçant la profession de marin sur les côtes de la mer ou dans les rivières jusqu'à la limite de la marée, à répondre à l'appel de l'État pour le service de la flotte depuis l'âge de 18 ans jusqu'à 50. Le tableau d'inscription maritime donne aujourd'hui environ 125,000 marins, dont 21,000 sont appelés à un service actif.

N° 19. TABLEAU DU PERSONNEL DE LA MARINE (MOINS LES COLONIES).

	OFFICIERS MILITAIRES, OFFICIERS CIVILS, PROFESSEURS, AUMÔNIERS, AGENTS ADMINISTRATIFS.	OFFICIERS MARINIERS, MAÎTRES D'ÉQUIPAGE, MÉCANICIENS, CONDUCTEURS, etc.	GARDES D'ARTILLERIE, CHEFS, SOUS-CHEFS ET OUVRIERS D'ÉTAT, SOUS-OFFICIERS ET SOLDATS.	CONDAMNÉS	TOTAL
I. OFFICIERS MILITAIRES ET CIVILS.					
1. Officiers de la marine (2 amiraux, 10 vice-amiraux, 20 contre-amiraux, 110 capitaines de vaisseau, 230 capitaines de frégate, 650 lieutenants de vaisseau, 550 enseignes, 300 élèves).	1,872	»	»	»	1,872
2. Inspection du matériel de l'artillerie et des directions des ports.	27	»	50	»	77
3. Inspection des troupes d'infanterie de marine (2), génie maritime (102), ingénieurs hydrographes (20), professeurs d'hydrographie (46), écoles de maistrance et d'apprentis (8).	178	»	»	»	178
4. Commissariat de la marine (1,043), contrôle de la marine (110), comptables du matériel (813), personnel administratif des directions des travaux dans les ports et des établissements de la marine hors des ports (154), agents de manutention des subsistances (12), syndics des gens de mer (307).	2,132	307	»	»	2,439
5. Ingénieurs des ponts et chaussées.	16	43	»	»	59
6. Aumôniers (25) et service de santé (446 médecins, chirurgiens, pharmaciens, etc., et 570 sœurs hospitalières, infirmiers, etc.).	471	»	570	»	1,041
7. Établissement d'Indret, forges de la Chaussade, usines de Ruelle et de Saint-Gervais, services divers.	7	24	»	»	31
Total.	4,703	374	620	»	5,697
II. MAISTRANCE, GARDIENNAGE ET SURVEILLANCE.					
1. Maîtres entretenus des directions des constructions navales (129), des directions des mouvements de port (48), des directions de l'artillerie (37), des établissements d'Indret, de la Chaussade, de Ruelle et de Saint-Gervais, etc. (39).	»	253	»	»	253
2. Escouades de gabiers de port (315), escouades de gardiennage des vaisseaux (400), gardes maritimes (165), gardiens de magasins, portiers, radiers, canotiers, guetteurs de signaux (1,023), compagnies de pompiers (348).	»	2,260	»	»	2,260
Total.	»	2,513	»	»	2,513
III. ÉQUIPAGES ET TROUPES (SERVICE A TERRE).					
1. Équipages de ligne (¹), états-majors des divisions (33)(²), petits états-majors (226), compagnies provisoires de recrutement (304), compagnies de dépôt (1,141), de matelots-canonniers (233), de mousses (478), d'ouvriers mécaniciens 208), écoles élémentaires (5).	5	2,555	»	»	2,560
2. Infanterie de marine (3 régiments formant 124 compagnies affectées au service des ports et des colonies).	483	»	12,083	»	12,540
3. Artillerie de marine. { 1 régim. formant 23 compag. } Affecté au service du matériel d'artillerie dans les arsenaux maritimes, à l'armem. des forts et batter. dans les ports et rades, auserv. des colon., etc. } { 6 comp. d'ouvriers d'artillerie. } { École régimentaire. }	119 / 30 / 2	» / » / »	2,034 / 980 / 1	» / » / »	2,153 / 1,010 / 3
4. Gendarmerie maritime (5 compagnies, une par arrondissement maritime).	17	»	300	»	317
5. Compagnie de discipline (à Lorient).	5	»	211	»	216
Total.	661	2,555	15,609	»	18,805
IV. ÉQUIPAGES ET TROUPES (SERVICE A LA MER EN 1852).					
1. États-majors (1,252)(³) et équipages des 148 bâtiments armés en 1852 (voir l'état de la flotte).	»	19,261	»	»	19,261
2. États-majors (93)(⁴) et équipages des 52 bâtiments en commission de port en 1852 (voir l'état de la flotte).	»	1,803	»	»	1,803
Total.	»	21,064	»	»	21,064
V. JUSTICE MARITIME ET CHIOURMES.					
1. Tribunaux maritimes.	10	»	»	»	10
2. Surveillance des chiourmes.	»	»	1,002	»	1,002
3. Condamnés.	»	»	»	8,000	8,000
Total.	10	»	1,002	8,000	9,012
Total général.	6,719	26,506	17,131	8,000	58,436

N° 20. SERVICE MILITAIRE AUX COLONIES

	OFFICIERS	SOUS-OFF. ET SOLDATS
1. État-major général et état-major des places (officiers de marine et d'infanterie de marine).	17	»
2. État-major particulier d'artillerie (officiers de marine).	13	»
3. État-major particulier du génie (officiers du génie de terre).	9	17
4. Infanterie et artillerie de marine (voir le tableau du personnel de la marine).	»	»
5. Gendarmerie coloniale à cheval (à la Martinique, à la Guadeloupe, à la Réunion et à Cayenne).	14	400
6. Gendarmerie coloniale à pied (à Cayenne, Saint-Pierre et Miquelon).	»	45
7. Escadron de spahis au Sénégal.	4	76
8. 2 compagnies de cipayes dans l'Inde.	»	326
9. 1 compagnie de soldats indigènes à Cayenne.	»	150
10. 2 compagnies de soldats indigènes au Sénégal.	»	300

N° 21. ÉTABLISSEMENTS DE LA MARINE

Arsenaux : Dans les chefs-lieux des cinq arrondissements et dans ceux des sous-arrondissements.
Établissement d'Indret (sur la Loire), fabrication des machines à vapeur à l'usage de la flotte.
Forges de la Chaussade, près de Guérigny (Nièvre), fabrication des ancres et des chaînes.
Fonderies : A Ruelle, près d'Angoulême, et à Saint-Gervais (sur l'Isère), fabrication des bouches à feu pour la marine.
Fabrication des projectiles : A Charleville et Mézières.
École navale : En rade de Brest.
École du génie maritime : A Lorient.
École d'artillerie de marine : A Lorient.
École de pyrotechnie : A Toulon.
Écoles de maistrance : A Brest, Rochefort, Toulon.
Écoles d'hydrographie : Dans tous les quartiers maritimes.
Dépôt général des cartes et plans : A Paris.

(1) Les équipages de ligne se forment par les enrôlements volontaires et l'inscription maritime. Ils sont répartis en cinq divisions (une par arrondissement maritime) et 148 compagnies. Chaque division comprend un état-major, un petit état-major, les compagnies provisoires de recrutement, une compagnie de dépôt, une compagnie de matelots-canonniers, une compagnie de mousses, une compagnie d'ouvriers mécaniciens et des compagnies permanentes dont le nombre varie suivant les besoins du service. — (2) Ces officiers sont déjà compris dans l'état général des officiers de la marine : c'est pourquoi nous laissons en blanc leur chiffre dans la première colonne. — (3) Même observation. — (4) Même observation.

N° 22. ÉTAT DE LA FLOTTE EN 1851 — ÉTAT DE LA FLOTTE EN 1852

Nombre des bâtiments à flot	RANG DES BÂTIMENTS	Armés	En commission de port	Désarmés	En construction	Nombre des bâtiments à flot	BÂTIMENTS	Armés	En commission de port	Désarmés	En construction
	1. BÂTIMENTS À VOILES.						**1. ID.**				
6	Vaisseaux de 120 canons	2	2	2	1	6	Vaisseaux de 120 canons	2	3	1	3
4	Id. de 100 id.	3	»	1	9	4	Id. de 100 id.	1	3	»	9
5	Id. de 90 id.	3	»	2	7	7	Id. de 90 id.	3	3	1	10
2	Id. de 86 id.	1	»	1	»	3	Id. de 86 id.	»	3	»	1
3	Id. de 82 id.	»	1	2	»	6	Id. de 82 id.	2	4	»	»
6	Id. de 80 id.	»	2	4	4	»	Id. de 80 id.	»	»	»	»
26	Total	9	5	12	21	26	Total	8	16	2	23
12	Frégates de 60 canons	1	1	10	5	12	Frégates de 60 canons	1	3	8	5
14	Id. de 50 à 52 canons	3	»	11	14	14	Id. de 50 à 52 canons	1	6	7	10
11	Id. de 40 à 46 id.	5	2	4	»	12	Id. de 40 à 46 id.	5	5	2	4
37	Total	9	3	25	19	38	Total	7	14	17	19
	Corvettes à gaillards de 30 canons	6	1	5	5	11	Corvettes à gaillards de 30 canons	8	»	3	5
	Corv. à batterie barbette de 14 à 24	6	»	12	»	20	Corv. à batterie barbette de 14 à 24	4	»	16	»
30	Total	12	1	17	5	31	Total	12	»	19	5
21	Bricks de 1re classe de 18 à 20 can.	5	»	17	1	23	Bricks de 1re classe de 18 à 20 can.	7	»	16	4
22	Bricks-avisos de 6 à 10 canons	4	»	18	»	23	Bricks-avisos de 6 à 10 canons	4	»	19	»
44	Total	9	»	35	4	46	Total	11	»	35	4
43	Bâtiments légers (goëlettes, canonnières, cutters, chebecks, de 2 à 8 canons)	15	»	28	»	39	Bâtiments légers (goëlettes, canonnières, cutters, chebecks, de 2 à 8 canons)	8	»	31	»
29	Transports de 800 à 300 tonneaux	21	»	8	»	37	Transports de 800 à 300 tonneaux	27	»	10	»
72	Total	36	»	36	»	76	Total	35	»	41	»
	2. BÂTIMENTS À VAPEUR.						**2. BÂTIMENTS À VAPEUR.**				
1	Vaisseau de 90 can. et de 960 chev.	»	»	1	»	1	Vaisseau de 90 can. et de 960 chev.	»	»	1	»
20	Frégates de 650 à 450 chev.	8	7	5	»	20	Frégates de 650 à 450 chev.	7	12	1	»
5	Corvettes de 400 à 320 id.	»	2	»	4	6	Corvettes de 400 à 320 id.	2	1	3	4
22	Id. de 320 à 220 id.	9	6	7	1	21	Id. de 320 à 220 id.	10	3	8	»
32	Avisos de 200 à 130 id.	18	9	5	»	34	Avisos de 200 à 130 id.	23	9	2	2
25	Id. de 120 et au-dessous	17	1	7	3	26	Id. de 120 et au-dessous	21	»	5	2
105	Total	52	25	28	8	108	Total	63	25	20	8
	3. BÂTIMENTS MIXTES.						**3. BÂTIMENTS MIXTES.**				
1	Frégate de 220 chev.	1	»	»	»	1	Frégate de 220 chev.	1	»	»	»
2	Corvettes de 120 chev.	2	»	»	»	2	Corvettes de 120 chev.	2	»	»	»
1	Aviso de 30 chev.	1	»	»	»	1	Aviso de 30 chev.	1	»	»	»
4	Total	4	»	»	»	4	Total	4	»	»	»
318	Bâtiments de tous rangs	131	34	153	57	329	Bâtiments de tous rangs	148	55	134	59

PARIS. — TYP. DE J. CLAYE ET Cie, RUE SAINT-BENOÎT, 7.

www.ingramcontent.com/pod-product-compliance
Lightning Source LLC
Chambersburg PA
CBHW060517050426
42451CB00009B/1031